사고력 수학 소마가 개발한 연산학습의 새 기준!!
소마의 **마술같은 원리셈**

소마셈

D2
4학년

- 생각하는 수 이야기 08
- 1주차 – 자연수와 분수의 뺄셈 09
- 2주차 – 대분수와 진분수의 덧셈과 뺄셈 29
- 3주차 – 세 분수의 덧셈과 뺄셈 47
- 4주차 – 분수의 활용 63
- Drill (보충학습) 79
- 정답 97

수학이 즐거워지는 특별한 수학교실
소마에서 개발한 연산교재 소마셈

소마셈

2002년 대치소마 개원 이후로 끊임없는 교재 연구와 교구의 개발은 소마의 자랑이자 자부심입니다. 교구, 게임, 토론 등의 다양한 활동식 수업으로 스스로 문제해결능력을 키우고, 아이들이 수학에 대한 흥미와 자신감을 가질 수 있도록 차별성 있는 수업을 해 온 소마에서 연산 학습의 새로운 패러다임을 제시합니다.

연산 교육의 현실

연산 교육의 가장 큰 폐해는 '초등 고학년 때 연산이 빠르지 않으면 고생한다.'는 기존 연산 학습지의 왜곡된 마케팅으로 인해 단순 반복을 통한 기계적 연산을 강조하는 것입니다. 하지만, 기계적 반복을 위주로 하는 연산은 개념과 원리가 빠진 연산 학습으로써 아이들이 수학을 싫어하게 만들 뿐 아니라 사고의 확장을 막는 학습방법입니다.

초등수학 교과과정과 연산

초등교육과정에서는 문자와 기호를 사용하지 않고 말로 풀어서 연산의 개념과 원리를 설명하다가 중등 교육과정부터 문자와 기호를 사용합니다. 교과서를 살펴보면 모든 연산의 도입에 원리가 잘 설명되어 있습니다. 요즘 현실에서는 연산의 원리를 묻는 서술형 문제도 많이 출제되고 있는데 연산은 연습이 우선이라는 인식이 아직도 지배적입니다.

연산 학습은 어떻게?

연산 교육은 별도로 떼어내어 추상적인 숫지니 기호만 가지고 다뤄서는 절대로 안됩니다. 구체물을 가지고 생각하고 이해한 후, 연산 연습을 하는 것이 필요합니다. 또한, 속도보다 정확성을 위주로 학습하여 실수를 극복할 수 있는 좋은 습관을 갖추는 데에 초점을 맞춰야 합니다.

소마셈 연산학습 방법

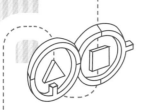

10이 넘는 한 자리 덧셈　　**구체물을 통한 개념의 이해**

덧셈과 뺄셈의 기본은 수를 세는 데에 있습니다. 8+4는 8에서 1씩 4번을 더 센 것이라는 개념이 중요합니다. 10의 보수를 이용한 받아 올림을 생각하면 8+4는 (8+2)+2지만 연산 공부를 시작할 때에는 덧셈의 기본 개념에 충실한 것이 좋습니다. 이 책은 구체물을 통해 개념을 이해할 수 있도록 구체적인 예를 든 연산 문제로 구성하였습니다.

가로셈　　**가로셈을 통한 수에 대한 사고력 기르기**

세로셈이 잘못된 방법은 아니지만 연산의 원리는 잊고 받아 올림한 숫자는 어디에 적어야 하는지만을 기억하여 마치 공식처럼 풀게 합니다. 기계적으로 반복하는 연습은 생각없이 연산을 하게 만듭니다. 가로셈을 통해 원리를 생각하고 수를 쪼개고 붙이는 등의 과정에서 키워질 수 있는 수에 대한 사고력도 매우 중요합니다.

곱셈구구　　**곱셈도 개념 이해를 바탕으로**

곱셈구구는 암기에만 초점을 맞추면 부작용이 큽니다. 곱셈은 덧셈을 압축한 것이라는 원리를 이해하며 구구단을 외움으로써 연산을 빨리 할 수 있다는 것을 알게 해야 합니다. 곱셈구구를 외우는 것도 중요하지만 곱셈의 의미를 정확하게 아는 것이 더 중요합니다. 4×3을 할 줄 아는 학생이 두 자리 곱하기 한 자리는 안 배워서 45×3을 못 한다고 말하는 일은 없도록 해야 합니다.

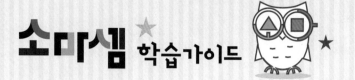

소마셈 학습가이드

K단계 (5, 6, 7세) • 연산을 시작하는 단계

뛰어세기, 거꾸로 뛰어세기를 통해 수의 연속한 성질(linearity)을 이해하고 덧셈, 뺄셈을 공부합니다. 각 권의 호흡은 짧지만 일관성 있는 접근으로 자연스럽게 나선형식 반복학습의 효과가 있도록 하였습니다.

학습대상 : 연산을 시작하는 아이와 한 자리 수 덧셈을 구체물(손가락 등)을 이용하여 해결하는 아이

학습목표 : 수와 연산의 튼튼한 기초 만들기

P단계 (7세, 1학년) • 받아올림이 있는 덧셈, 뺄셈을 배울 준비를 하는 단계

5, 6, 9 뛰어세기를 공부하면서 10을 이용한 더하기, 빼기의 편리함을 알도록 한 후, 가르기와 모으기의 집중학습으로 보수 익히기, 10의 보수를 이용한 덧셈, 뺄셈의 원리를 공부합니다.

학습대상 : 받아올림이 없는 한 자리 수의 덧셈을 할 줄 아는 학생

학습목표 : 받아올림이 있는 연산의 토대 만들기

A단계 (1학년) • 초등학교 1학년 교과과정 연산

받아올림이 있는 한 자리 수의 덧셈, 뺄셈은 연산 전체에 매우 중요한 단계입니다. 원리를 정확하게 알고 A1에서 A4까지 총 4권에서 한 자리 수의 연산을 다양한 과정으로 연습하도록 하였습니다.

학습대상 : 초등학교 1학년 수학교과과정을 공부하는 학생

학습목표 : 10의 보수를 이용한 받아올림이 있는 덧셈, 뺄셈

B단계 (2학년) • 초등학교 2학년 교과과정 연산

두 자리, 세 자리 수의 연산을 다룬 후 곱셈, 나눗셈을 다루는 과정에서 곱셈구구의 암기를 확인하기보다는 곱셈구구를 외우는데 도움이 되고, 곱셈, 나눗셈의 원리를 확장하여 사고할 수 있도록 하는데 초점을 맞추었습니다.

학습대상 : 초등학교 2학년 수학교과과정을 공부하는 학생

학습목표 : 덧셈, 뺄셈의 완성 / 곱셈, 나눗셈의 원리를 정확하게 알고 개념 확장

C단계 (3학년) • 초등학교 3, 4학년 교과과정 연산

B단계까지의 소마셈은 다양한 문제를 통해서 학생들이 즐겁게 연산을 공부하고 원리를 정확하게 알게 하는데 초점을 맞추었다면, C단계는 3학년 과정의 큰 수의 연산과 4학년 과정의 혼합 계산, 괄호를 사용한 식 등, 필수 연산의 연습을 충실히 할 수 있도록 하였습니다.

학습대상 : 초등학교 3, 4학년 수학교과과정을 공부하는 학생

학습목표 : 큰 수의 곱셈과 나눗셈, 혼합 계산

D단계 (4학년) • 초등학교 4, 5학년 교과과정 연산

분모가 같은 분수의 덧셈과 뺄셈, 소수의 덧셈과 뺄셈을 공부하여 초등 4학년 과정 연산을 마무리하고 초등 5학년 연산과정에서 가장 중요한 약수와 배수, 분모가 다른 분수의 덧셈과 뺄셈을 충분히 익힐 수 있도록 하였습니다.

학습대상 : 초등학교 4, 5학년 수학교과과정을 공부하는 학생

학습목표 : 분모가 같은 분수의 덧셈과 뺄셈, 소수의 덧셈과 뺄셈, 분모가 다른 분수의 덧셈과 뺄셈

소마셈 단계별 학습내용

K단계 추천연령 : 5, 6, 7세

단계	K1	K2	K3	K4
권별 주제	10까지의 더하기와 빼기 1	20까지의 더하기와 빼기 1	10까지의 더하기와 빼기 2	20까지의 더하기와 빼기 2
단계	K5	K6	K7	K8
권별 주제	10까지의 더하기와 빼기 3	20까지의 더하기와 빼기 3	20까지의 더하기와 빼기 4	7까지의 가르기와 모으기

P단계 추천연령 : 7세, 1학년

단계	P1	P2	P3	P4
권별 주제	30까지의 더하기와 빼기 5	30까지의 더하기와 빼기 6	30까지의 더하기와 빼기 10	30까지의 더하기와 빼기 9
단계	P5	P6	P7	P8
권별 주제	9까지의 가르기와 모으기	10 가르기와 모으기	10을 이용한 더하기	10을 이용한 빼기

A단계 추천연령 : 1학년

단계	A1	A2	A3	A4
권별 주제	덧셈구구	뺄셈구구	세 수의 덧셈과 뺄셈	□가 있는 덧셈과 뺄셈
단계	A5	A6	A7	A8
권별 주제	(두 자리 수) + (한 자리 수)	(두 자리 수) − (한 자리 수)	두 자리 수의 덧셈과 뺄셈	□가 있는 두 자리 수의 덧셈과 뺄셈

B단계 추천연령 : 2학년

단계	B1	B2	B3	B4
권별 주제	(두 자리 수) + (두 자리 수)	(두 자리 수) − (두 자리 수)	세 자리 수의 덧셈과 뺄셈	덧셈과 뺄셈의 활용
단계	B5	B6	B7	B8
권별 주제	곱셈	곱셈구구	나눗셈	곱셈과 나눗셈의 활용

C단계 추천연령 : 3학년

단계	C1	C2	C3	C4
권별 주제	두 자리 수의 곱셈	두 자리 수의 곱셈과 활용	두 자리 수의 나눗셈	세 자리 수의 나눗셈과 활용
단계	C5	C6	C7	C8
권별 주제	큰 수의 곱셈	큰 수의 나눗셈	혼합 계산	혼합 계산의 활용

D단계 추천연령 : 4학년

단계	D1	D2	D3	D4
권별 주제	분모가 같은 분수의 덧셈과 뺄셈(1)	분모가 같은 분수의 덧셈과 뺄셈(2)	소수의 덧셈과 뺄셈	약수와 배수
단계	D5	D6		
권별 주제	분모가 다른 분수의 덧셈과 뺄셈(1)	분모가 다른 분수의 덧셈과 뺄셈(2)		

구성과 특징

1

수 이야기

생활 속의 수 이야기를 통해 수와 연산의 이해를 돕습니다. 수의 역사나 재미있는 연산 문제를 접하면서 수학이 재미있는 공부가 되도록 합니다.

2

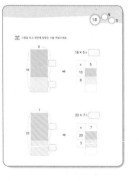

원리

가장 기본적인 연산의 원리를 소개합니다. 이때 다양한 방법을 제시하되 가장 효과적인 방법을 적용할 수 있도록 단계적으로 접근하여 충분한 원리의 이해를 돕습니다.

연습

원리의 이해를 바탕으로 연산이 익숙해
지도록 연습합니다. 먼저 반복적인 연산
연습 후에 나아가 배운 원리를 활용하여
확장된 문제를 해결합니다.

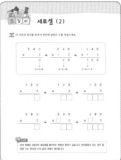
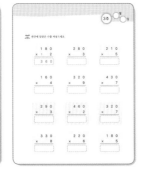

Drill (보충학습)

주차별 주제에 대한 연습이 더 필요한 경우
보충학습을 활용합니다.

 연산과정의 확인이 필수적인 주제는 Drill
의 양을 2배로 담았습니다.

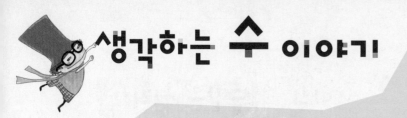

분수의 여러 가지 의미

분수에는 어떤 의미가 있을까요? 같은 분수라도 여러 가지 뜻으로 사용된답니다.

· 분수는 전체에 대한 부분을 나타내요.

8조각으로 똑같이 나눈 피자 한 판을 얼마만큼 먹고 나니 5조각이 남았다면 남은 피자의 양은 분수로 다음과 같이 나타내요.

 ➡ 남은 피자의 양 $= \dfrac{5}{8}$

· 분수는 (자연수)÷(자연수)에서 나눗셈의 몫을 나타내기도 해요.

빵 3개를 2명이 나누어 먹으려면, 먼저 빵 2개를 1개씩 가지고, 남은 1개를 반씩 먹으면 돼요. 이는 3÷2와 같으므로 나눗셈의 몫을 구할 때도 분수가 사용된답니다.

 ➡ $3 \div 2 = \dfrac{3}{2} = 1\dfrac{1}{2}$

· 분수는 자연수의 얼마만큼인지 양을 알아볼 때도 사용돼요.

6cm짜리 끈의 $\dfrac{1}{3}$을 사용했다면, 몇 cm를 사용한 것일까요? 끈을 3등분 했을 때 1만큼이 사용한 양이 돼요.

 ➡ 6cm의 $\dfrac{1}{3} = 2$cm

· 분수는 기준 값에 대한 비교하는 양을 나타내기도 해요.

분수는 한 수를 기준으로 다른 수의 상대적인 크기를 나타낼 때 사용되기도 한답니다.

 ➡ A는 B의 $\dfrac{3}{5}$

 ➡ B는 A의 $\dfrac{5}{3}$

소마셈 D2 - 1주차

자연수와 분수의 뺄셈

▶ 1일차 : 자연수를 가분수로 나타내기   10

▶ 2일차 : (자연수) − (진분수) (1)   16

▶ 3일차 : (자연수) − (진분수) (2)   19

▶ 4일차 : (자연수) − (대분수) (1)   22

▶ 5일차 : (자연수) − (대분수) (2)   25

자연수를 가분수로 나타내기

 다음과 같이 자연수를 가분수로 나타내는 방법을 알아보고, 빈칸에 알맞은 수를 써 넣으세요.

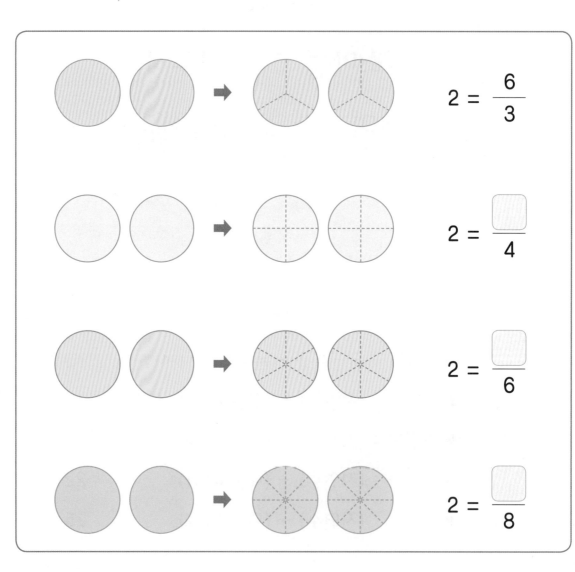

$$2 = \frac{6}{3}$$

$$2 = \frac{\boxed{}}{4}$$

$$2 = \frac{\boxed{}}{6}$$

$$2 = \frac{\boxed{}}{8}$$

분수는 전체에 대한 부분을 나타내는 수입니다. 자연수와 분수의 덧셈과 뺄셈을 하기 위해 자연수를 분수로 나타내는 방법을 연습합니다.

자연수를 가분수로 나타내세요.

$2 = \dfrac{10}{5}$

$3 = \dfrac{}{2}$

$5 = \dfrac{}{5}$

$4 = \dfrac{}{5}$

$6 = \dfrac{}{4}$

$8 = \dfrac{}{3}$

$7 = \dfrac{}{3}$

$1 = \dfrac{}{3}$

$5 = \dfrac{}{6}$

$6 = \dfrac{}{7}$

$7 = \dfrac{}{2}$

$6 = \dfrac{}{8}$

$4 = \dfrac{}{7}$

$9 = \dfrac{}{4}$

 자연수를 가분수로 나타내세요.

$3 = \dfrac{12}{4}$

$2 = \dfrac{\boxed{}}{7}$

$6 = \dfrac{\boxed{}}{5}$

$5 = \dfrac{\boxed{}}{7}$

$8 = \dfrac{\boxed{}}{5}$

$7 = \dfrac{\boxed{}}{6}$

$8 = \dfrac{\boxed{}}{6}$

$8 = \dfrac{\boxed{}}{7}$

$3 = \dfrac{\boxed{}}{5}$

$7 = \dfrac{\boxed{}}{4}$

$9 = \dfrac{\boxed{}}{3}$

$7 = \dfrac{\boxed{}}{7}$

$9 = \dfrac{\boxed{}}{2}$

$5 = \dfrac{\boxed{}}{8}$

 다음과 같이 자연수 부분 중 1만을 가져와서 분수로 나타내는 방법을 알아보고, 빈칸에 알맞은 수를 써넣으세요.

$$2 = 1\frac{2}{2}$$

$$2 = \boxed{}\frac{\boxed{}}{3}$$

$$2 = \boxed{}\frac{\boxed{}}{4}$$

$$2 = \boxed{}\frac{\boxed{}}{6}$$

TIP

자연수에서 1을 받아내림하여 분수로 바꿉니다. 자연수에서 1을 진분수의 분모와 같은 분수로 고칩니다.

 자연수 부분 중 1만을 가져와서 분수로 나타내세요.

$3 = \boxed{2}\ \dfrac{2}{2}$

$2 = \boxed{}\ \dfrac{}{5}$

$5 = \boxed{}\ \dfrac{}{3}$

$6 = \boxed{}\ \dfrac{}{7}$

$7 = \boxed{}\ \dfrac{}{3}$

$9 = \boxed{}\ \dfrac{}{2}$

$7 = \boxed{}\ \dfrac{}{4}$

$3 = \boxed{}\ \dfrac{}{4}$

$4 = \boxed{}\ \dfrac{}{5}$

$5 = \boxed{}\ \dfrac{}{7}$

$4 = \boxed{}\ \dfrac{}{4}$

$8 = \boxed{}\ \dfrac{}{5}$

$9 = \boxed{}\ \dfrac{}{4}$

$6 = \boxed{}\ \dfrac{}{4}$

자연수 부분 중 1만을 가져와서 분수로 나타내세요.

$$6 = \boxed{} \dfrac{\boxed{}}{5}$$

$$7 = \boxed{} \dfrac{\boxed{}}{2}$$

$$8 = \boxed{} \dfrac{\boxed{}}{4}$$

$$9 = \boxed{} \dfrac{\boxed{}}{6}$$

$$4 = \boxed{} \dfrac{\boxed{}}{6}$$

$$6 = \boxed{} \dfrac{\boxed{}}{8}$$

$$8 = \boxed{} \dfrac{\boxed{}}{7}$$

$$7 = \boxed{} \dfrac{\boxed{}}{5}$$

$$9 = \boxed{} \dfrac{\boxed{}}{5}$$

$$6 = \boxed{} \dfrac{\boxed{}}{2}$$

$$5 = \boxed{} \dfrac{\boxed{}}{6}$$

$$9 = \boxed{} \dfrac{\boxed{}}{9}$$

$$8 = \boxed{} \dfrac{\boxed{}}{3}$$

$$5 = \boxed{} \dfrac{\boxed{}}{8}$$

(자연수) − (진분수) (1)

 다음과 같이 자연수를 가분수로 만들어 **뺄셈**을 하세요. 이때, 계산 결과가 가분수이면 대분수로 바꾸어 나타내세요.

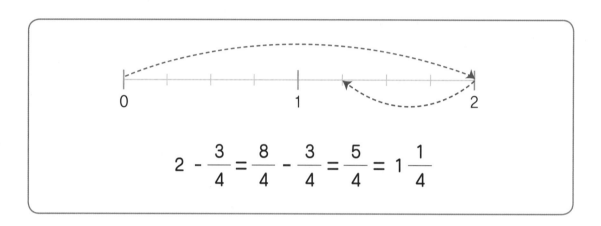

$$2 - \frac{3}{4} = \frac{8}{4} - \frac{3}{4} = \frac{5}{4} = 1\frac{1}{4}$$

$$1 - \frac{5}{6} = \frac{\boxed{6}}{6} - \frac{5}{6} = \frac{\boxed{1}}{6}$$

$$3 - \frac{2}{5} = \frac{\boxed{}}{5} - \frac{2}{5} = \frac{\boxed{}}{5} = \boxed{}\frac{\boxed{}}{5}$$

$$2 - \frac{5}{8} = \frac{\boxed{}}{8} - \frac{5}{8} = \frac{\boxed{}}{8} = \boxed{}\frac{\boxed{}}{8}$$

TIP

자연수 부분을 모두 가분수로 바꾼 후, 분자끼리 뺍니다.

분수의 뺄셈을 하세요.

$2 - \dfrac{4}{5} = \boxed{1\dfrac{1}{5}}$

$3 - \dfrac{5}{6} = \boxed{}$

$1 - \dfrac{3}{14} = \boxed{}$

$4 - \dfrac{2}{7} = \boxed{}$

$4 - \dfrac{3}{8} = \boxed{}$

$7 - \dfrac{4}{9} = \boxed{}$

$3 - \dfrac{11}{15} = \boxed{}$

$4 - \dfrac{5}{8} = \boxed{}$

$5 - \dfrac{3}{7} = \boxed{}$

$2 - \dfrac{6}{13} = \boxed{}$

$4 - \dfrac{3}{10} = \boxed{}$

$5 - \dfrac{7}{12} = \boxed{}$

$5 - \dfrac{17}{20} = \boxed{}$

$8 - \dfrac{10}{11} = \boxed{}$

분수의 뺄셈을 하세요.

$3 - \dfrac{2}{9} = \boxed{2\dfrac{7}{9}}$

$2 - \dfrac{4}{7} = \boxed{}$

$2 - \dfrac{5}{8} = \boxed{}$

$4 - \dfrac{5}{7} = \boxed{}$

$5 - \dfrac{7}{10} = \boxed{}$

$1 - \dfrac{4}{17} = \boxed{}$

$6 - \dfrac{5}{12} = \boxed{}$

$8 - \dfrac{9}{11} = \boxed{}$

$4 - \dfrac{2}{13} = \boxed{}$

$3 - \dfrac{7}{12} = \boxed{}$

$3 - \dfrac{3}{14} = \boxed{}$

$5 - \dfrac{2}{15} = \boxed{}$

$7 - \dfrac{11}{13} = \boxed{}$

$6 - \dfrac{11}{15} = \boxed{}$

(자연수) − (진분수) (2)

 다음과 같이 자연수에서 1만큼을 가분수로 만들어 뺄셈을 하세요.

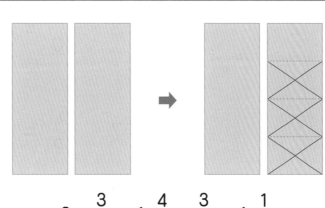

$$2 - \frac{3}{4} = 1\frac{4}{4} - \frac{3}{4} = 1\frac{1}{4}$$

$2 - \dfrac{1}{6} = \boxed{1}\dfrac{\boxed{6}}{6} - \dfrac{1}{6} = \boxed{1}\dfrac{\boxed{5}}{6}$

$4 - \dfrac{2}{5} = \boxed{}\dfrac{\boxed{}}{5} - \dfrac{2}{5} = \boxed{}\dfrac{\boxed{}}{5}$

$5 - \dfrac{3}{4} = \boxed{}\dfrac{\boxed{}}{4} - \dfrac{3}{4} = \boxed{}\dfrac{\boxed{}}{4}$

자연수에서 1만큼을 진분수의 분모와 같은 분수로 고친 후 자연수와 분모는 그대로 쓰고,
분자끼리 뺍니다.

 분수의 뺄셈을 하세요.

$3 - \dfrac{1}{5} = \boxed{2\dfrac{4}{5}}$

$2 - \dfrac{7}{8} =$

$4 - \dfrac{2}{9} =$

$5 - \dfrac{6}{11} =$

$4 - \dfrac{6}{10} =$

$8 - \dfrac{10}{13} =$

$7 - \dfrac{19}{21} =$

$3 - \dfrac{3}{10} =$

$7 - \dfrac{5}{12} =$

$4 - \dfrac{7}{8} =$

$4 - \dfrac{8}{15} =$

$6 - \dfrac{2}{8} =$

$5 - \dfrac{14}{17} =$

$9 - \dfrac{13}{20} =$

분수의 뺄셈을 하세요.

$2 - \dfrac{7}{9} = $

$4 - \dfrac{4}{11} = $

$5 - \dfrac{2}{7} = $

$7 - \dfrac{3}{8} = $

$3 - \dfrac{8}{9} = $

$9 - \dfrac{7}{12} = $

$3 - \dfrac{6}{17} = $

$3 - \dfrac{3}{8} = $

$6 - \dfrac{4}{5} = $

$4 - \dfrac{3}{10} = $

$3 - \dfrac{12}{13} = $

$8 - \dfrac{5}{11} = $

$2 - \dfrac{3}{14} = $

$7 - \dfrac{15}{22} = $

(자연수) – (대분수) (1)

 다음과 같이 자연수와 대분수를 가분수로 만들어 **뺄셈**을 하세요. 이때, 계산 결과가 가분수이면 대분수로 바꾸어 나타내세요.

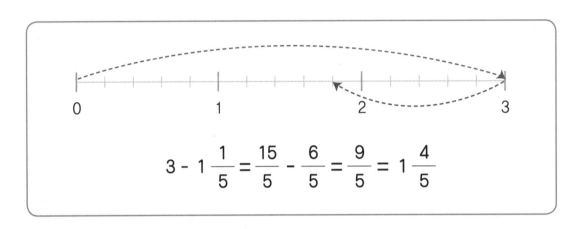

$$3 - 1\frac{1}{5} = \frac{15}{5} - \frac{6}{5} = \frac{9}{5} = 1\frac{4}{5}$$

$$2 - 1\frac{3}{8} = \frac{\boxed{16}}{8} - \frac{\boxed{11}}{8} = \frac{\boxed{5}}{8}$$

$$3 - 1\frac{4}{5} = \frac{\boxed{}}{5} - \frac{\boxed{}}{5} = \frac{\boxed{}}{5} = \boxed{}\frac{\boxed{}}{5}$$

$$4 - 2\frac{1}{3} = \frac{\boxed{}}{3} - \frac{\boxed{}}{3} = \frac{\boxed{}}{3} = \boxed{}\frac{\boxed{}}{3}$$

 TIP

자연수와 대분수를 모두 가분수로 바꾼 후, 분자끼리 뺍니다. 이와 같은 방법은 계산 결과가 가분수인 경우가 있으므로 대분수로 바꾸어 나타내는 과정을 한 번 더 하게 됩니다.

분수의 뺄셈을 하세요.

$3 - 2\dfrac{4}{5} = \boxed{\dfrac{1}{5}}$

$2 - 1\dfrac{3}{4} = \boxed{}$

$2 - 1\dfrac{2}{3} = \boxed{}$

$5 - 1\dfrac{4}{5} = \boxed{}$

$4 - 1\dfrac{6}{7} = \boxed{}$

$4 - 1\dfrac{5}{6} = \boxed{}$

$5 - 3\dfrac{5}{6} = \boxed{}$

$6 - 5\dfrac{1}{3} = \boxed{}$

$4 - 2\dfrac{1}{7} = \boxed{}$

$5 - 2\dfrac{5}{8} = \boxed{}$

$7 - 3\dfrac{3}{5} = \boxed{}$

$4 - 2\dfrac{4}{7} = \boxed{}$

$6 - 4\dfrac{5}{6} = \boxed{}$

$5 - 3\dfrac{2}{9} = \boxed{}$

 분수의 뺄셈을 하세요.

$5 - 1\dfrac{1}{3} = \boxed{3\ \dfrac{2}{3}}$　　　　$4 - 3\dfrac{1}{4} = \boxed{}$

$4 - 3\dfrac{2}{7} = \boxed{}$　　　　$3 - 1\dfrac{1}{8} = \boxed{}$

$5 - 1\dfrac{3}{5} = \boxed{}$　　　　$4 - 2\dfrac{3}{7} = \boxed{}$

$3 - 2\dfrac{1}{6} = \boxed{}$　　　　$4 - 2\dfrac{4}{9} = \boxed{}$

$4 - 2\dfrac{3}{8} = \boxed{}$　　　　$5 - 1\dfrac{5}{9} = \boxed{}$

$6 - 2\dfrac{5}{9} = \boxed{}$　　　　$5 - 3\dfrac{3}{10} = \boxed{}$

$7 - 4\dfrac{5}{8} = \boxed{}$　　　　$6 - 4\dfrac{1}{11} = \boxed{}$

(자연수) − (대분수) (2)

 다음과 같이 자연수에서 1만큼을 가분수로 만들어 **뺄셈**을 하세요.

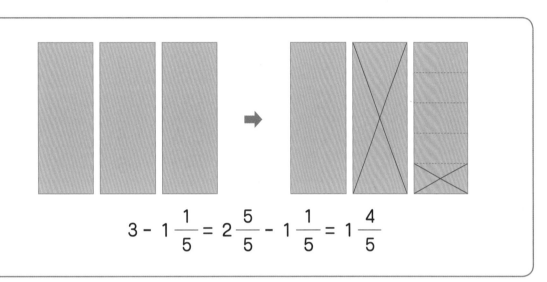

$$3 - 1\frac{1}{5} = 2\frac{5}{5} - 1\frac{1}{5} = 1\frac{4}{5}$$

$$3 - 1\frac{2}{3} = \boxed{2}\,\boxed{\frac{3}{3}} - 1\frac{2}{3} = \boxed{1}\,\boxed{\frac{1}{3}}$$

$$4 - 1\frac{5}{6} = \boxed{}\,\boxed{\frac{}{6}} - 1\frac{5}{6} = \boxed{}\,\boxed{\frac{}{6}}$$

$$5 - 2\frac{3}{5} = \boxed{}\,\boxed{\frac{}{5}} - 2\frac{3}{5} = \boxed{}\,\boxed{\frac{}{5}}$$

TIP

자연수에서 1만큼을 대분수의 분모와 같은 분수로 고친 후 자연수는 자연수끼리, 분수는 분수끼리 뺍니다. 이와 같은 방법은 4일차의 방법과 달리 자연수를 가분수로 만들 때, 1만 받아내렸기 때문에 계산이 간단합니다.

 분수의 뺄셈을 하세요.

$4 - 2\dfrac{2}{3} = \boxed{1\dfrac{1}{3}}$

$3 - 1\dfrac{3}{4} = \boxed{}$

$2 - 1\dfrac{1}{6} = \boxed{}$

$2 - 1\dfrac{4}{5} = \boxed{}$

$3 - 2\dfrac{7}{8} = \boxed{}$

$5 - 3\dfrac{6}{7} = \boxed{}$

$6 - 4\dfrac{1}{3} = \boxed{}$

$3 - 2\dfrac{2}{3} = \boxed{}$

$6 - 4\dfrac{5}{7} = \boxed{}$

$5 - 2\dfrac{1}{9} = \boxed{}$

$5 - 3\dfrac{7}{10} = \boxed{}$

$4 - 2\dfrac{9}{11} = \boxed{}$

$4 - 1\dfrac{12}{13} = \boxed{}$

$7 - 1\dfrac{13}{15} = \boxed{}$

🌱 분수의 뺄셈을 하세요.

$3 - 2\dfrac{3}{5} = \boxed{}$

$3 - 1\dfrac{5}{6} = \boxed{}$

$6 - 1\dfrac{1}{5} = \boxed{}$

$4 - 3\dfrac{5}{7} = \boxed{}$

$5 - 2\dfrac{5}{8} = \boxed{}$

$5 - 2\dfrac{2}{5} = \boxed{}$

$4 - 1\dfrac{3}{4} = \boxed{}$

$3 - 2\dfrac{1}{8} = \boxed{}$

$3 - 1\dfrac{5}{7} = \boxed{}$

$7 - 2\dfrac{1}{6} = \boxed{}$

$7 - 2\dfrac{5}{12} = \boxed{}$

$8 - 3\dfrac{7}{10} = \boxed{}$

$6 - 2\dfrac{11}{13} = \boxed{}$

$9 - 1\dfrac{9}{14} = \boxed{}$

소마셈 D2 − 2주차

대분수와 진분수의
덧셈과 뺄셈

▶ 1일차 : (대분수) + (진분수) (1)   30

▶ 2일차 : (대분수) + (진분수) (2)   33

▶ 3일차 : (대분수) − (진분수) (1)   36

▶ 4일차 : (대분수) − (진분수) (2)   39

▶ 5일차 : 문장제   42

(대분수)＋(진분수) (1)

 다음과 같이 덧셈을 하세요.

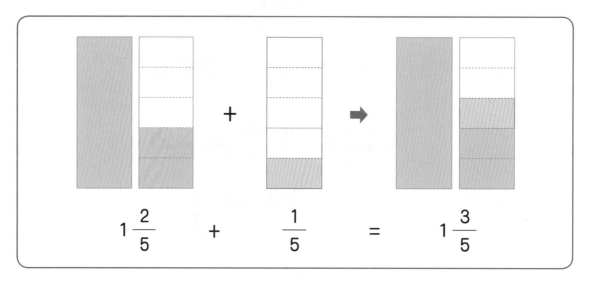

$$1\frac{2}{5} \quad + \quad \frac{1}{5} \quad = \quad 1\frac{3}{5}$$

$$\begin{array}{c} \overset{2+4=6}{\overbrace{\qquad\qquad}} \\ 1\frac{2}{7} + \frac{4}{7} = \boxed{} + \frac{\boxed{}}{7} = \boxed{}\frac{\boxed{}}{7} \\ \underset{1+0=1}{\underbrace{\qquad\qquad}} \end{array}$$

$$2\frac{3}{6} + \frac{2}{6} = \boxed{} + \frac{\boxed{}}{6} = \boxed{}\frac{\boxed{}}{6}$$

$$\frac{5}{9} + 2\frac{2}{9} = \boxed{} + \frac{\boxed{}}{9} = \boxed{}\frac{\boxed{}}{9}$$

대분수와 진분수의 덧셈에서 자연수는 자연수끼리, 분수는 분수끼리 더합니다. 이때 진분수
의 자연수는 0이라는 것을 잊지 말도록 합니다.

분수의 덧셈을 하세요.

$2\dfrac{3}{5} + \dfrac{1}{5} =$ $\boxed{2\dfrac{4}{5}}$

$\dfrac{1}{7} + 1\dfrac{5}{7} =$

$3\dfrac{5}{8} + \dfrac{1}{8} =$

$\dfrac{4}{9} + 3\dfrac{4}{9} =$

$5\dfrac{2}{10} + \dfrac{7}{10} =$

$\dfrac{5}{12} + 4\dfrac{1}{12} =$

$2\dfrac{3}{11} + \dfrac{6}{11} =$

$\dfrac{3}{14} + 3\dfrac{5}{14} =$

$2\dfrac{5}{18} + \dfrac{8}{18} =$

$\dfrac{7}{15} + 1\dfrac{7}{15} =$

$1\dfrac{9}{16} + \dfrac{4}{16} =$

$\dfrac{3}{17} + 4\dfrac{3}{17} =$

$4\dfrac{13}{21} + \dfrac{6}{21} =$

$\dfrac{17}{25} + 1\dfrac{7}{25} =$

 분수의 덧셈을 하세요.

$5 \dfrac{1}{6} + \dfrac{4}{6} = \boxed{5 \dfrac{5}{6}}$

$\dfrac{2}{9} + 3 \dfrac{5}{9} =$

$4 \dfrac{4}{7} + \dfrac{2}{7} =$

$\dfrac{3}{8} + 6 \dfrac{4}{8} =$

$3 \dfrac{7}{11} + \dfrac{3}{11} =$

$\dfrac{1}{5} + 4 \dfrac{1}{5} =$

$1 \dfrac{4}{10} + \dfrac{3}{10} =$

$\dfrac{4}{13} + 2 \dfrac{6}{13} =$

$2 \dfrac{8}{18} + \dfrac{7}{18} =$

$\dfrac{13}{20} + 2 \dfrac{1}{20} =$

$2 \dfrac{13}{22} + \dfrac{8}{22} =$

$\dfrac{7}{24} + 1 \dfrac{16}{24} =$

$3 \dfrac{9}{23} + \dfrac{9}{23} =$

$\dfrac{17}{21} + 4 \dfrac{2}{21} =$

 다음과 같이 덧셈을 하세요.

$$1\frac{3}{5} \quad + \quad \frac{4}{5} \quad = \quad 2\frac{2}{5}$$

$$1\frac{3}{5} + \frac{4}{5} = 1 + \frac{7}{5} = 1 + 1\frac{2}{5} = 2\frac{2}{5}$$

2+6=8

2+0=2

$$2\frac{2}{7} + \frac{6}{7} = \boxed{} + \frac{6}{7} = \left(\boxed{} + \boxed{}\right)\frac{\boxed{}}{7} = \boxed{}\frac{\boxed{}}{7}$$

$$\frac{7}{8} + 1\frac{6}{8} = \boxed{} + \frac{\boxed{}}{8} = \boxed{} + \boxed{}\frac{\boxed{}}{8} = \boxed{}\frac{\boxed{}}{8}$$

TIP

먼저 자연수는 자연수끼리, 분수는 분수끼리 더합니다. 분수 부분끼리의 합이 가분수이면, 대분수로 나타낸 후 자연수와 더합니다.

 분수의 덧셈을 하세요.

$2\dfrac{3}{4} + \dfrac{2}{4} = \boxed{3\dfrac{1}{4}}$ $\dfrac{5}{6} + 1\dfrac{5}{6} = \boxed{}$

$2\dfrac{6}{7} + \dfrac{3}{7} = \boxed{}$ $\dfrac{3}{8} + 1\dfrac{5}{8} = \boxed{}$

$2\dfrac{7}{8} + \dfrac{3}{8} = \boxed{}$ $\dfrac{5}{9} + 3\dfrac{5}{9} = \boxed{}$

$3\dfrac{4}{6} + \dfrac{3}{6} = \boxed{}$ $\dfrac{8}{12} + 1\dfrac{5}{12} = \boxed{}$

$1\dfrac{5}{13} + \dfrac{12}{13} = \boxed{}$ $\dfrac{9}{15} + 3\dfrac{9}{15} = \boxed{}$

$2\dfrac{7}{9} + \dfrac{2}{9} = \boxed{}$ $\dfrac{7}{10} + 2\dfrac{7}{10} = \boxed{}$

$4\dfrac{6}{7} + \dfrac{3}{7} = \boxed{}$ $\dfrac{8}{14} + 1\dfrac{9}{14} = \boxed{}$

분수의 덧셈을 하세요.

$2 \dfrac{3}{8} + \dfrac{7}{8} =$ ☐

$\dfrac{2}{5} + 3 \dfrac{4}{5} =$ ☐

$1 \dfrac{5}{9} + \dfrac{5}{9} =$ ☐

$\dfrac{4}{7} + 3 \dfrac{4}{7} =$ ☐

$4 \dfrac{3}{9} + \dfrac{8}{9} =$ ☐

$\dfrac{5}{6} + 5 \dfrac{2}{6} =$ ☐

$2 \dfrac{7}{8} + \dfrac{5}{8} =$ ☐

$\dfrac{7}{10} + 4 \dfrac{4}{10} =$ ☐

$1 \dfrac{10}{11} + \dfrac{3}{11} =$ ☐

$\dfrac{5}{9} + 2 \dfrac{8}{9} =$ ☐

$2 \dfrac{4}{15} + \dfrac{14}{15} =$ ☐

$\dfrac{4}{15} + 1 \dfrac{13}{15} =$ ☐

$1 \dfrac{11}{12} + \dfrac{6}{12} =$ ☐

$\dfrac{13}{20} + 2 \dfrac{8}{20} =$ ☐

(대분수) − (진분수) (1)

 다음과 같이 뺄셈을 하세요.

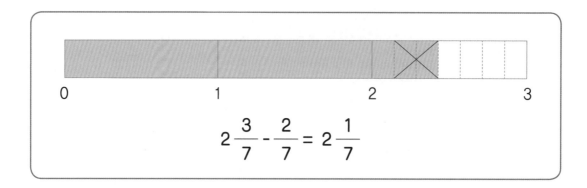

$$2\frac{3}{7} - \frac{2}{7} = 2\frac{1}{7}$$

4−3=1

$$4\frac{4}{5} - \frac{3}{5} = \boxed{} + \frac{\boxed{}}{5} = \boxed{}\frac{\boxed{}}{5}$$

4−0=4

$$5\frac{6}{7} - \frac{3}{7} = \boxed{} + \frac{\boxed{}}{7} = \boxed{}\frac{\boxed{}}{7}$$

$$3\frac{5}{8} - \frac{2}{8} = \boxed{} + \frac{\boxed{}}{8} = \boxed{}\frac{\boxed{}}{8}$$

대분수와 진분수의 뺄셈에서 자연수는 자연수끼리, 분수는 분수끼리 뺀 후 두 수를 더합니다.
이때 진분수의 자연수는 0이라는 것을 잊지 말도록 합니다.

분수의 뺄셈을 하세요.

$4 \dfrac{3}{4} - \dfrac{2}{4} = \boxed{4 \dfrac{1}{4}}$

$5 \dfrac{2}{3} - \dfrac{1}{3} = \boxed{}$

$2 \dfrac{6}{8} - \dfrac{3}{8} = \boxed{}$

$3 \dfrac{6}{7} - \dfrac{2}{7} = \boxed{}$

$6 \dfrac{5}{7} - \dfrac{3}{7} = \boxed{}$

$4 \dfrac{4}{5} - \dfrac{3}{5} = \boxed{}$

$3 \dfrac{7}{9} - \dfrac{3}{9} = \boxed{}$

$2 \dfrac{5}{6} - \dfrac{4}{6} = \boxed{}$

$3 \dfrac{9}{10} - \dfrac{2}{10} = \boxed{}$

$4 \dfrac{8}{13} - \dfrac{5}{13} = \boxed{}$

$2 \dfrac{11}{15} - \dfrac{7}{15} = \boxed{}$

$3 \dfrac{8}{11} - \dfrac{6}{11} = \boxed{}$

$5 \dfrac{9}{14} - \dfrac{6}{14} = \boxed{}$

$1 \dfrac{11}{21} - \dfrac{9}{21} = \boxed{}$

 분수의 뺄셈을 하세요.

$5\dfrac{3}{5} - \dfrac{2}{5} = \boxed{5\dfrac{1}{5}}$

$3\dfrac{5}{6} - \dfrac{1}{6} = \boxed{}$

$4\dfrac{8}{9} - \dfrac{4}{9} = \boxed{}$

$5\dfrac{5}{7} - \dfrac{4}{7} = \boxed{}$

$3\dfrac{6}{8} - \dfrac{3}{8} = \boxed{}$

$6\dfrac{4}{6} - \dfrac{1}{6} = \boxed{}$

$4\dfrac{4}{7} - \dfrac{2}{7} = \boxed{}$

$5\dfrac{9}{11} - \dfrac{7}{11} = \boxed{}$

$6\dfrac{8}{14} - \dfrac{5}{14} = \boxed{}$

$4\dfrac{11}{13} - \dfrac{6}{13} = \boxed{}$

$2\dfrac{9}{16} - \dfrac{7}{16} = \boxed{}$

$4\dfrac{17}{20} - \dfrac{8}{20} = \boxed{}$

$7\dfrac{13}{17} - \dfrac{9}{17} = \boxed{}$

$8\dfrac{24}{25} - \dfrac{16}{25} = \boxed{}$

(대분수) − (진분수) (2)

 다음과 같이 뺄셈을 하세요.

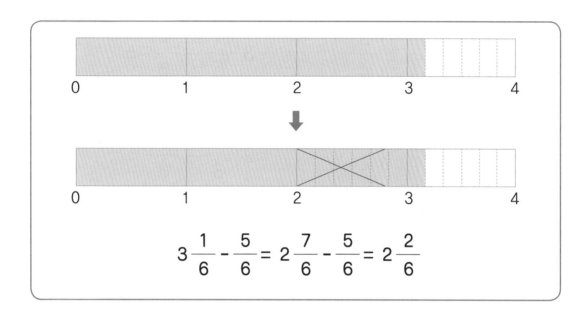

$$3\frac{1}{6} - \frac{5}{6} = 2\frac{7}{6} - \frac{5}{6} = 2\frac{2}{6}$$

7−3=4

$$4\frac{2}{5} - \frac{3}{5} = \boxed{}\frac{\boxed{}}{5} - \frac{3}{5} = \boxed{} + \frac{\boxed{}}{5} = \boxed{}\frac{\boxed{}}{5}$$

3−0=3

$$2\frac{1}{4} - \frac{2}{4} = \boxed{}\frac{\boxed{}}{4} - \frac{2}{4} = \boxed{} + \frac{\boxed{}}{4} = \boxed{}\frac{\boxed{}}{4}$$

 TIP

위와 같이 대분수와 진분수의 뺄셈에서 분수 부분끼리 뺄 수 없는 경우가 있습니다. 이때는 대분수의 자연수 부분에서 1을 받아내림하여 가분수로 바꾼 후에 빼야 합니다.

 분수의 뺄셈을 하세요.

$2\dfrac{2}{4} - \dfrac{3}{4} = \boxed{1\dfrac{3}{4}}$

$3\dfrac{1}{5} - \dfrac{4}{5} = \boxed{}$

$4\dfrac{3}{5} - \dfrac{4}{5} = \boxed{}$

$2\dfrac{1}{3} - \dfrac{2}{3} = \boxed{}$

$5\dfrac{1}{6} - \dfrac{4}{6} = \boxed{}$

$4\dfrac{2}{7} - \dfrac{4}{7} = \boxed{}$

$3\dfrac{3}{8} - \dfrac{6}{8} = \boxed{}$

$4\dfrac{3}{6} - \dfrac{5}{6} = \boxed{}$

$6\dfrac{2}{9} - \dfrac{6}{9} = \boxed{}$

$7\dfrac{1}{7} - \dfrac{5}{7} = \boxed{}$

$4\dfrac{6}{10} - \dfrac{7}{10} = \boxed{}$

$5\dfrac{3}{8} - \dfrac{4}{8} = \boxed{}$

$3\dfrac{1}{10} - \dfrac{8}{10} = \boxed{}$

$3\dfrac{2}{11} - \dfrac{10}{11} = \boxed{}$

분수의 뺄셈을 하세요.

$4\dfrac{2}{4} - \dfrac{3}{4} =$ ☐ $4\dfrac{1}{3} - \dfrac{2}{3} =$ ☐

$3\dfrac{3}{5} - \dfrac{4}{5} =$ ☐ $5\dfrac{3}{6} - \dfrac{5}{6} =$ ☐

$5\dfrac{2}{7} - \dfrac{6}{7} =$ ☐ $7\dfrac{1}{4} - \dfrac{3}{4} =$ ☐

$7\dfrac{1}{6} - \dfrac{5}{6} =$ ☐ $5\dfrac{3}{7} - \dfrac{4}{7} =$ ☐

$4\dfrac{1}{8} - \dfrac{3}{8} =$ ☐ $4\dfrac{1}{6} - \dfrac{5}{6} =$ ☐

$5\dfrac{3}{9} - \dfrac{4}{9} =$ ☐ $3\dfrac{3}{10} - \dfrac{6}{10} =$ ☐

$2\dfrac{1}{12} - \dfrac{8}{12} =$ ☐ $2\dfrac{8}{13} - \dfrac{9}{13} =$ ☐

문장제

 다음을 읽고 알맞은 식을 쓰고, 답을 구하세요.

물병에 물이 $1\frac{3}{5}$ L 들어 있습니다. 여기에 물 $\frac{3}{5}$ L를 더 부었다면 물병의 물은 모두 몇 L일까요?

식 : $1\frac{3}{5} + \frac{3}{5} = 2\frac{1}{5}$

 L

동규는 어제 컴퓨터를 $\frac{5}{7}$ 시간 사용했고, 오늘 $2\frac{4}{7}$ 시간 사용했습니다. 동규가 어제와 오늘 컴퓨터를 사용한 시간은 모두 몇 시간일까요?

식 :

 시간

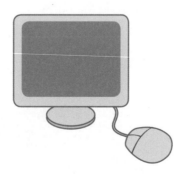

다음을 읽고 알맞은 식을 쓰고, 답을 구하세요.

어머니께서 도너츠 $4\frac{7}{9}$개를 사오셨습니다. 호인이가 $\frac{5}{9}$개를 먹고, 남은 것은 모두 언니에게 주려고 합니다. 언니가 먹을 수 있는 도너츠는 몇 개일까요?

식 : $4\frac{7}{9} - \frac{5}{9} = 4\frac{2}{9}$

개

형과 동생이 밤을 주었습니다. 형이 주운 밤은 동생이 주운 밤보다 $\frac{7}{8}$kg 더 무겁습니다. 형이 주운 밤이 $5\frac{5}{8}$kg이라면 동생이 주운 밤은 몇 kg일까요?

식 :

kg

 다음을 읽고 알맞은 식을 쓰고, 답을 구하세요.

아버지께서 약수터에서 $\frac{5}{13}$ L의 물을 길어 오셨습니다. 할아버지께서 $1\frac{6}{13}$ L의 물을 더 길어왔다면 두 사람이 길어 온 물은 모두 몇 L일까요?

식 :

_____

L

서아가 종이접기를 합니다. 비행기를 접는데 $3\frac{7}{9}$ 장을 사용하였고, 배를 접는데 $\frac{4}{9}$ 장을 사용하였습니다. 서아가 종이접기를 하는데 사용한 색종이는 모두 몇 장일까요?

식 :

_____

장

상화는 $2\frac{1}{6}$ 시간 동안 책을 읽었습니다. 책을 읽은 시간이 공부를 한 시간보다 $\frac{5}{6}$ 시간 더 많았다면 상화는 몇 시간 동안 공부를 했을까요?

식 :

_____

시간

 다음을 읽고 알맞은 식을 쓰고, 답을 구하세요.

어떤 자동차는 오토바이보다 한 시간에 $\frac{8}{22}$km를 더 달립니다. 오토바이가 한 시간에 $2\frac{15}{22}$km를 달린다면 자동차는 한 시간에 몇 km를 달릴까요?

식 :

_____

Km

정모는 오늘 $2\frac{5}{7}$L의 우유를 마셨습니다. 오늘 마신 양이 어제 마신 양보다 $\frac{6}{7}$L 더 많다면 정모가 어제 마신 우유는 몇 L일까요?

식 :

_____

L

연아는 선물을 포장하는데 가지고 있던 리본 중 $\frac{14}{15}$m를 사용하였습니다. 연아가 처음에 가지고 있던 리본이 $1\frac{7}{15}$m라면 남은 리본은 몇 m일까요?

식 :

_____

m

2주 – 대분수와 진분수의 덧셈과 뺄셈 **45**

Note

소마셈 D2 - 3주차

세 분수의
덧셈과 뺄셈

▶ 1일차 : 세 분수의 덧셈   48

▶ 2일차 : 세 분수의 뺄셈   51

▶ 3일차 : 세 분수의 덧셈과 뺄셈   55

▶ 4일차 : 분수 퍼즐 (1)   58

▶ 5일차 : 분수 퍼즐 (2)   60

세 분수의 덧셈

 다음과 같이 덧셈을 하세요. 계산 결과가 가분수이면 대분수 또는 자연수로 바꾸어 나타내세요.

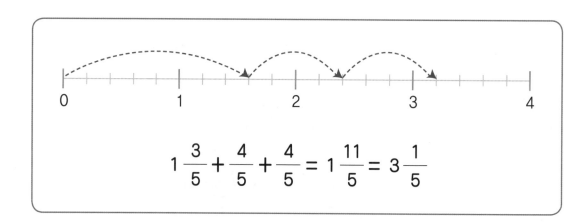

$$1\frac{3}{5} + \frac{4}{5} + \frac{4}{5} = 1\frac{11}{5} = 3\frac{1}{5}$$

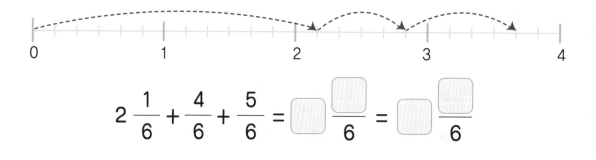

$$2\frac{1}{6} + \frac{4}{6} + \frac{5}{6} = \boxed{}\frac{\boxed{}}{6} = \boxed{}\frac{\boxed{}}{6}$$

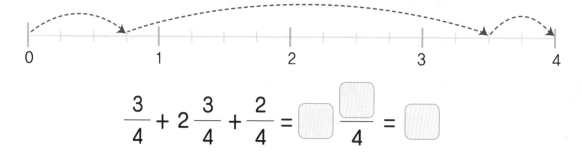

$$\frac{3}{4} + 2\frac{3}{4} + \frac{2}{4} = \boxed{}\frac{\boxed{}}{4} = \boxed{}$$

세 분수의 덧셈도 두 분수의 덧셈 방법과 같이 자연수는 자연수끼리, 분수는 분수끼리 더합니다.

분수의 덧셈을 하세요. 계산 결과가 가분수이면 대분수 또는 자연수로 바꾸어 나타내
세요.

$2\dfrac{1}{7} + \dfrac{4}{7} + \dfrac{5}{7} = \boxed{3\dfrac{3}{7}}$

$\dfrac{7}{8} + 3\dfrac{1}{8} + \dfrac{3}{8} = \boxed{}$

$\dfrac{7}{13} + \dfrac{10}{13} + \dfrac{8}{13} = \boxed{}$

$3\dfrac{7}{11} + \dfrac{2}{11} + \dfrac{3}{11} = \boxed{}$

$2\dfrac{3}{5} + 1\dfrac{4}{5} + \dfrac{3}{5} = \boxed{}$

$1\dfrac{5}{7} + \dfrac{4}{7} + 3\dfrac{3}{7} = \boxed{}$

$\dfrac{2}{9} + 5\dfrac{7}{9} + 2\dfrac{4}{9} = \boxed{}$

분수의 덧셈을 하세요. 계산 결과가 가분수이면 대분수 또는 자연수로 바꾸어 나타내세요.

$\dfrac{8}{15} + \dfrac{7}{15} + \dfrac{6}{15} =$

$5\dfrac{2}{7} + \dfrac{5}{7} + \dfrac{6}{7} =$

$\dfrac{5}{12} + 2\dfrac{11}{12} + \dfrac{8}{12} =$

$4\dfrac{7}{9} + 3\dfrac{4}{9} + \dfrac{7}{9} =$

$2\dfrac{3}{6} + \dfrac{4}{6} + 2\dfrac{5}{6} =$

$\dfrac{7}{8} + 7\dfrac{5}{8} + 1\dfrac{3}{8} =$

$1\dfrac{3}{10} + 4\dfrac{7}{10} + 2\dfrac{9}{10} =$

세 분수의 뺄셈

 다음과 같이 뺄셈을 하세요.

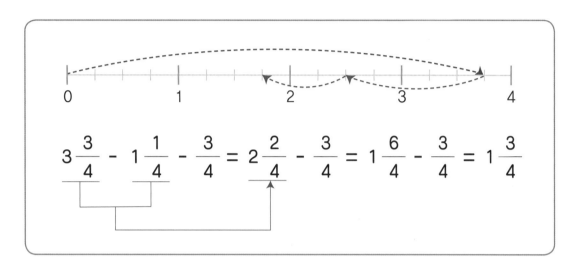

$$3\frac{3}{4} - 1\frac{1}{4} - \frac{3}{4} = 2\frac{2}{4} - \frac{3}{4} = 1\frac{6}{4} - \frac{3}{4} = 1\frac{3}{4}$$

$$3\frac{4}{5} - 1\frac{2}{5} - \frac{3}{5} = \boxed{}\frac{\boxed{}}{5} - \frac{3}{5}$$

$$= \boxed{}\frac{\boxed{}}{5} - \frac{3}{5}$$

$$= \boxed{}\frac{\boxed{}}{5}$$

TIP

앞에서부터 차례로 두 분수씩 계산합니다. 계산 중 분수끼리 뺄 수 없는 경우에는 분수의 자연수 부분에서 1을 받아내림하여 가분수로 바꾼 후에 빼야 합니다.

🌱 다음과 같이 뺄셈을 하세요.

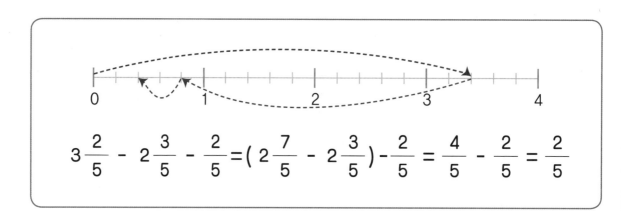

$$3\frac{2}{5} - 2\frac{3}{5} - \frac{2}{5} = \left(2\frac{7}{5} - 2\frac{3}{5}\right) - \frac{2}{5} = \frac{4}{5} - \frac{2}{5} = \frac{2}{5}$$

$$3\frac{1}{4} - 1\frac{3}{4} - \frac{2}{4} = \left(\boxed{}\frac{\boxed{}}{4} - 1\frac{3}{4}\right) - \frac{2}{4}$$

$$= \boxed{}\frac{\boxed{}}{4} - \frac{2}{4}$$

$$= \boxed{}$$

분수의 뺄셈을 하세요.

$$\frac{8}{9} - \frac{2}{9} - \frac{5}{9} = \boxed{\frac{1}{9}}$$

$$4\frac{2}{7} - \frac{5}{7} - \frac{3}{7} = \boxed{}$$

$$6\frac{9}{13} - \frac{2}{13} - \frac{5}{13} = \boxed{}$$

$$4\frac{7}{9} - \frac{1}{9} - \frac{8}{9} = \boxed{}$$

$$5\frac{7}{8} - 2\frac{4}{8} - \frac{6}{8} = \boxed{}$$

$$8\frac{3}{11} - 1\frac{6}{11} - \frac{9}{11} = \boxed{}$$

$$7\frac{7}{9} - 1\frac{2}{9} - \frac{3}{9} = \boxed{}$$

분수의 뺄셈을 하세요.

$3 \dfrac{1}{6} - \dfrac{5}{6} - \dfrac{1}{6} =$ ☐

$7 \dfrac{5}{7} - \dfrac{2}{7} - \dfrac{4}{7} =$ ☐

$5 \dfrac{9}{10} - \dfrac{3}{10} - \dfrac{7}{10} =$ ☐

$4 \dfrac{5}{12} - 3 \dfrac{7}{12} - \dfrac{9}{12} =$ ☐

$4 \dfrac{5}{9} - 1 \dfrac{3}{9} - \dfrac{5}{9} =$ ☐

$6 \dfrac{7}{8} - 4 \dfrac{3}{8} - \dfrac{5}{8} =$ ☐

$5 \dfrac{1}{6} - 1 \dfrac{5}{6} - 1 \dfrac{1}{6} =$ ☐

세 분수의 덧셈과 뺄셈

 다음과 같이 세 분수의 덧셈과 뺄셈을 하세요.

$$4\frac{6}{7} - 1\frac{3}{7} + \frac{2}{7}$$

$$= \left(4\frac{6}{7} - 1\frac{3}{7}\right) + \frac{2}{7}$$

$$= 3\frac{3}{7} + \frac{2}{7}$$

$$= 3\frac{5}{7}$$

(○)

$$4\frac{6}{7} - 1\frac{3}{7} + \frac{2}{7}$$

$$= 4\frac{6}{7} - \left(1\frac{3}{7} + \frac{2}{7}\right)$$

$$= 4\frac{6}{7} - 1\frac{5}{7}$$

$$= 3\frac{1}{7}$$

(×)

$$1\frac{4}{7} - \frac{2}{7} + 1\frac{2}{7} = \boxed{}\frac{\boxed{}}{7} + 1\frac{2}{7} = \boxed{}\frac{\boxed{}}{7}$$

$$3\frac{2}{9} - 1\frac{4}{9} + \frac{1}{9} = \left(\boxed{}\frac{\boxed{}}{9} - 1\frac{4}{9}\right) + \frac{1}{9}$$

$$= \boxed{}\frac{\boxed{}}{9} + \frac{1}{9}$$

$$= \boxed{}\frac{\boxed{}}{9}$$

TIP

세 분수의 덧셈과 뺄셈은 앞에서부터 차례로 두 분수씩 계산합니다. 순서를 바꾸어 계산하면 계산 결과가 달라지거나 계산이 되지 않는 경우가 생기므로 순서에 주의하여 계산합니다.

🌱 다음을 계산하세요. 계산 결과가 가분수이면 대분수 또는 자연수로 바꾸어 나타내세요.

$4\dfrac{4}{5} - \dfrac{1}{5} + 1\dfrac{2}{5} = \boxed{6}$

$1\dfrac{4}{7} + \dfrac{4}{7} - 1\dfrac{2}{7} = \boxed{}$

$2\dfrac{5}{9} + 2\dfrac{2}{9} - \dfrac{8}{9} = \boxed{}$

$5\dfrac{3}{8} - 1\dfrac{5}{8} + \dfrac{1}{8} = \boxed{}$

$4\dfrac{3}{10} - \dfrac{9}{10} + \dfrac{7}{10} = \boxed{}$

$2\dfrac{9}{13} + \dfrac{4}{13} - 1\dfrac{2}{13} = \boxed{}$

$4\dfrac{3}{7} - 3\dfrac{5}{7} + \dfrac{6}{7} = \boxed{}$

다음을 계산하세요. 계산 결과가 가분수이면 대분수 또는 자연수로 바꾸어 나타내세요.

$3\dfrac{5}{11} + \dfrac{5}{11} - 1\dfrac{7}{11} =$ ☐

$1\dfrac{7}{8} + 5\dfrac{4}{8} - \dfrac{8}{8} =$ ☐

$6\dfrac{3}{7} - 3\dfrac{4}{7} + \dfrac{5}{7} =$ ☐

$5\dfrac{5}{6} - \dfrac{1}{6} + 2\dfrac{3}{6} =$ ☐

$3\dfrac{2}{8} + \dfrac{1}{8} - 1\dfrac{6}{8} =$ ☐

$4\dfrac{3}{10} - \dfrac{9}{10} + \dfrac{6}{10} =$ ☐

$6\dfrac{1}{15} - 1\dfrac{4}{15} + \dfrac{2}{15} =$ ☐

분수 퍼즐 (1)

 가로와 세로의 세 수의 합이 모두 같도록 빈 곳에 알맞은 수를 써넣으세요.

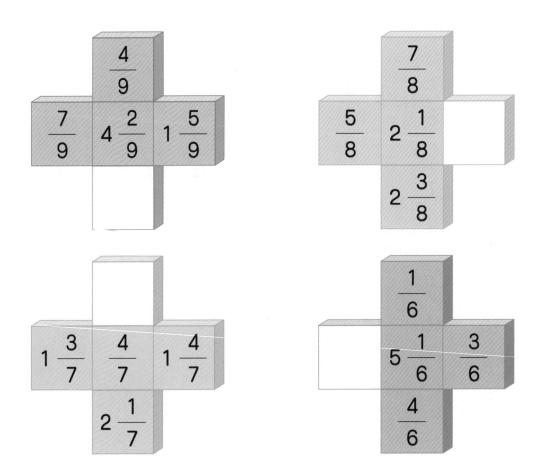

$$\Rightarrow \frac{2}{5} + 2\frac{1}{5} + \frac{3}{5} = 3\frac{1}{5}$$

$$\Rightarrow 3\frac{1}{5} - \frac{4}{5} - 2\frac{1}{5} = \frac{1}{5}$$

가로와 세로의 세 수의 합이 모두 같도록 빈 곳에 알맞은 수를 써넣으세요.

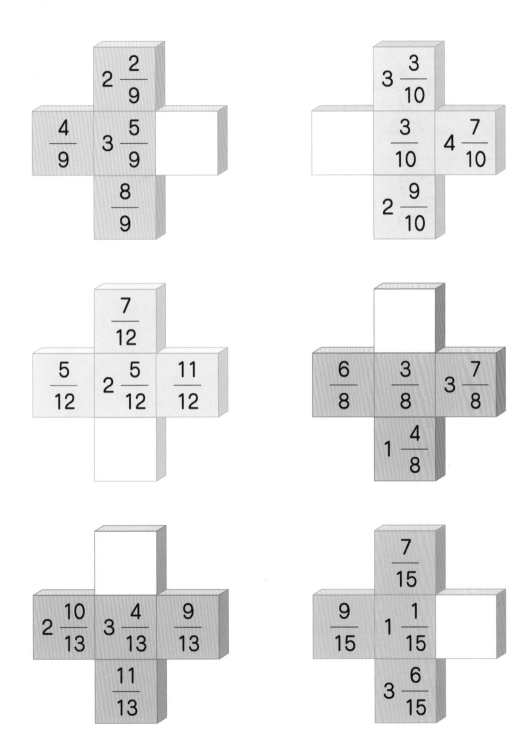

분수 퍼즐 (2)

 알맞은 계산 결과를 찾아 선으로 이어 보세요.

$2\dfrac{2}{7} + 1\dfrac{4}{7} + \dfrac{3}{7}$ •

• $3\dfrac{8}{9}$

$5\dfrac{1}{9} - 2\dfrac{7}{9} - \dfrac{2}{9}$ •

• $4\dfrac{2}{7}$

$5\dfrac{3}{9} - 1\dfrac{5}{9} + \dfrac{1}{9}$ •

• $2\dfrac{1}{9}$

$3\dfrac{3}{5} + \dfrac{4}{5} + 3\dfrac{1}{5}$ •

• $7\dfrac{3}{5}$

$6\dfrac{4}{5} - \dfrac{1}{5} + \dfrac{4}{5}$ •

• $2\dfrac{6}{7}$

$4\dfrac{1}{7} + \dfrac{3}{7} - 1\dfrac{5}{7}$ •

• $7\dfrac{2}{5}$

알맞은 계산 결과를 찾아 선으로 이어 보세요.

$$2\frac{3}{8} + \frac{1}{8} + 3\frac{7}{8}$$ •

• $$4\frac{7}{8}$$

$$1\frac{1}{14} + 6\frac{9}{14} - \frac{11}{14}$$ •

• $$6\frac{3}{8}$$

$$5\frac{1}{8} - \frac{5}{8} + \frac{3}{8}$$ •

• $$6\frac{13}{14}$$

$$3\frac{3}{11} - 1\frac{5}{11} - \frac{8}{11}$$ •

• $$2\frac{6}{11}$$

$$3\frac{5}{14} + 3\frac{6}{14} + \frac{4}{14}$$ •

• $$7\frac{1}{14}$$

$$4\frac{7}{11} - 2\frac{6}{11} + \frac{5}{11}$$ •

• $$1\frac{1}{11}$$

Note

소마셈 D2 - 4주차

분수의 활용

▶ 1일차 : 저울산   64

▶ 2일차 : 약속   66

▶ 3일차 : 수직선   69

▶ 4일차 : 이어 붙인 색 테이프의 길이   71

▶ 5일차 : □가 있는 식 만들기   74

저울산

 다음 저울의 양쪽 값이 같도록 빈 곳에 알맞은 수를 써넣으세요.

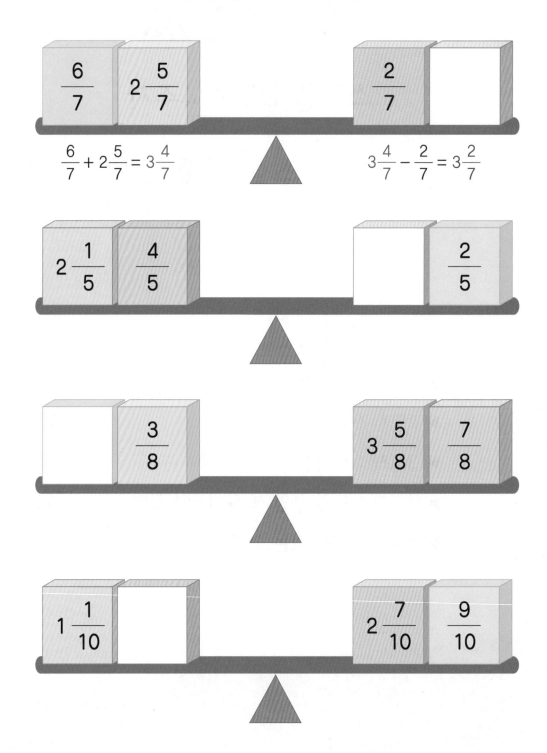

$\dfrac{6}{7} + 2\dfrac{5}{7} = 3\dfrac{4}{7}$ △ $3\dfrac{4}{7} - \dfrac{2}{7} = 3\dfrac{2}{7}$

다음 저울의 양쪽 값이 같도록 빈 곳에 알맞은 수를 써넣으세요.

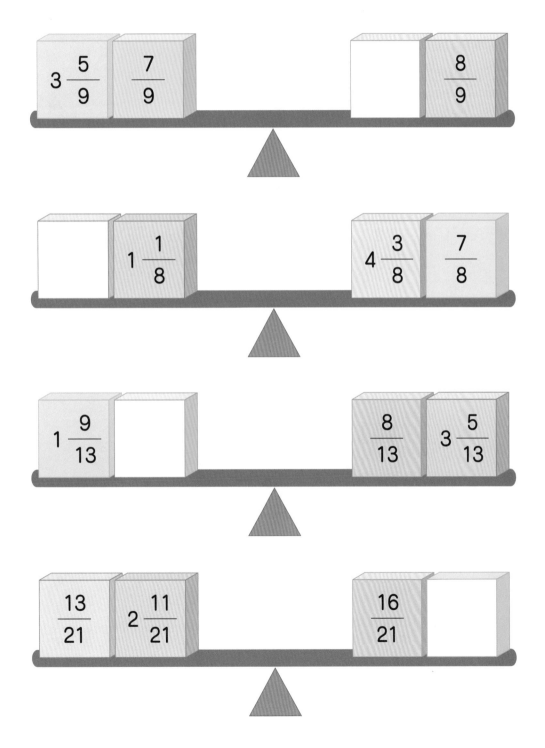

약속

 다음 도형이 나타내는 규칙에 맞게 계산해 보세요. 계산 결과가 가분수이면 대분수 또는 자연수로 바꾸어 나타내세요.

규칙 $㉠ \blacktriangle ㉡ = ㉠ + ㉡ - \dfrac{3}{5}$

$2\dfrac{1}{5} \blacktriangle \dfrac{4}{5} = 2\dfrac{1}{5} + \dfrac{4}{5} - \dfrac{3}{5}$

$\qquad = 2\dfrac{2}{5}$

$3\dfrac{4}{5} \blacktriangle \dfrac{2}{5} =$

규칙 $㉠ \bigstar ㉡ = ㉡ - ㉠ + 1\dfrac{1}{7}$

$\dfrac{5}{7} \bigstar 2\dfrac{3}{7} =$

$1\dfrac{2}{7} \bigstar 4\dfrac{4}{7} =$

다음 도형이 나타내는 규칙에 맞게 계산해 보세요. 계산 결과가 가분수이면 대분수
또는 자연수로 바꾸어 나타내세요.

규칙   ㉠ ■ ㉡ = ㉠ + ㉠ − ㉡

$1\dfrac{3}{8}$ ■ $\dfrac{7}{8}$ =

$3\dfrac{1}{6}$ ■ $1\dfrac{5}{6}$ =

규칙   ㉠ ♥ ㉡ = ㉠ − $1\dfrac{2}{9}$ + ㉡

$1\dfrac{7}{9}$ ♥ $\dfrac{8}{9}$ =

$4\dfrac{1}{9}$ ♥ $1\dfrac{4}{9}$ =

 다음 도형이 나타내는 규칙에 맞게 계산해 보세요. 계산 결과가 가분수이면 대분수 또는 자연수로 바꾸어 나타내세요.

$$규칙 \quad ㉠ \blacklozenge ㉡ = 5\frac{2}{7} - ㉠ + ㉡$$

$$2\frac{3}{7} \blacklozenge \frac{1}{7} =$$

$$\frac{3}{7} \blacklozenge 1\frac{6}{7} =$$

$$규칙 \quad ㉠ \blacktriangledown ㉡ = ㉠ - \frac{4}{5} + ㉡$$

$$5\frac{1}{5} \blacktriangledown \frac{3}{5} =$$

$$1\frac{2}{5} \blacktriangledown 2\frac{4}{5} =$$

 □ 안에 알맞은 수를 써넣으세요.

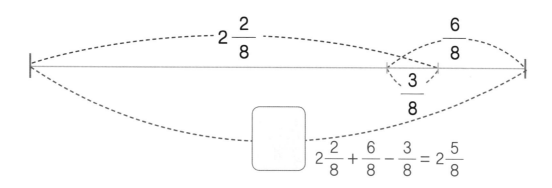

$$2\frac{2}{8} + \frac{6}{8} - \frac{3}{8} = 2\frac{5}{8}$$

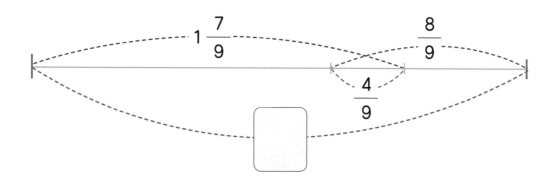

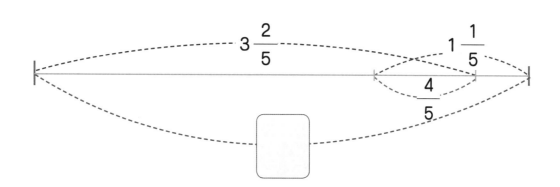

□ 안에 알맞은 수를 써넣으세요.

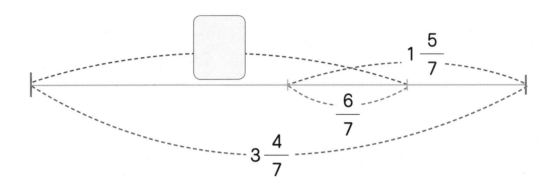

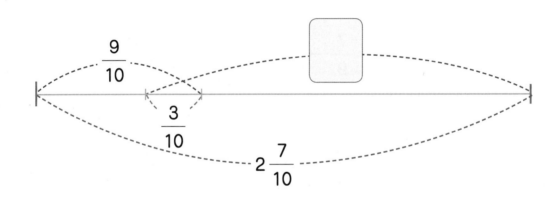

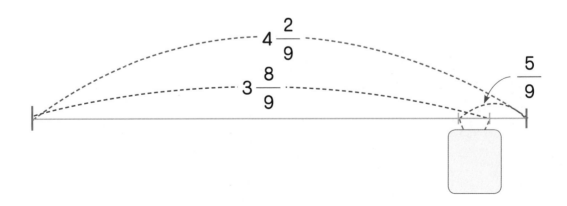

70 소마셈 – D2

이어 붙인 색 테이프의 길이

 색 테이프를 겹쳐서 이어 붙였습니다. 이어 붙인 색 테이프의 전체 길이를 구해보세요.

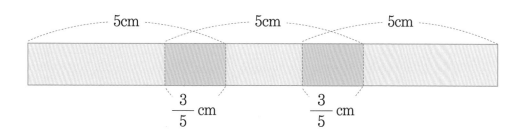

① 색 테이프 3장의 길이의 합 : $5 + 5 + 5 = 15$ (cm)

② 겹쳐진 부분의 길이의 합 : $\dfrac{3}{5} + \dfrac{3}{5} = 1\dfrac{1}{5}$ (cm)

③ 이어 붙인 색 테이프 전체의 길이 : $15 - 1\dfrac{1}{5} = 13\dfrac{4}{5}$ (cm)

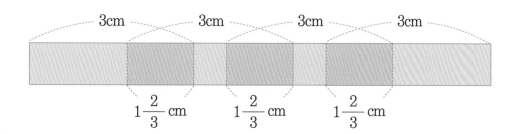

① 색 테이프 4장의 길이의 합 :

② 겹쳐진 부분의 길이의 합 :

③ 이어 붙인 색 테이프 전체의 길이 :

 색 테이프를 겹쳐서 이어 붙였습니다. 이어 붙인 색 테이프의 전체 길이를 구해보세요.

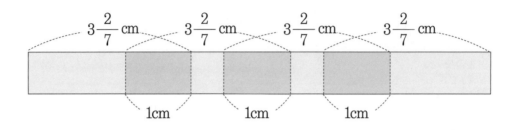

① 색 테이프 4장의 길이의 합 :

② 겹쳐진 부분의 길이의 합 :

③ 이어 붙인 색 테이프 전체의 길이 :

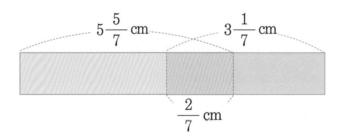

① 색 테이프 2장의 길이의 합 :

② 겹쳐진 부분의 길이의 합 :

③ 이어 붙인 색 테이프 전체의 길이 :

색 테이프를 겹쳐서 이어 붙였습니다. 이어 붙인 색 테이프의 전체 길이를 구해보세요.

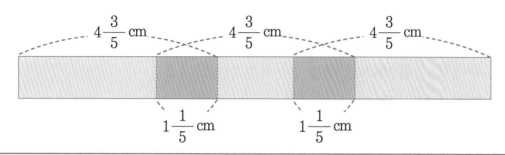

① 색 테이프 3장의 길이의 합 :

② 겹쳐진 부분의 길이의 합 :

③ 이어 붙인 색 테이프 전체의 길이 :

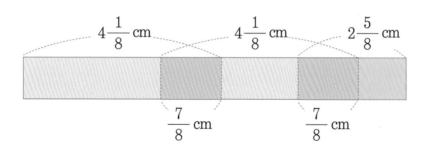

① 색 테이프 3장의 길이의 합 :

② 겹쳐진 부분의 길이의 합 :

③ 이어 붙인 색 테이프 전체의 길이 :

□가 있는 식 만들기

 다음을 읽고 □를 사용하여 식을 만들고, 바르게 계산한 값을 구하세요. 이때, 계산 결과가 가분수이면 대분수 또는 자연수로 바꾸어 나타내세요.

어떤 수에서 $\frac{3}{8}$을 빼야 할 것을 잘못하여 더했더니 $2\frac{1}{8}$이 되었습니다. 바르게 계산한 값은 얼마일까요?

잘못된 계산 : $\square + \frac{3}{8} = 2\frac{1}{8}$, $\square = 2\frac{1}{8} - \frac{3}{8} = 1\frac{6}{8}$

바른 계산 : $1\frac{6}{8} - \frac{3}{8} = 1\frac{3}{8}$

어떤 수에서 $\frac{5}{7}$를 빼야 할 것을 잘못하여 더했더니 $3\frac{4}{7}$가 되었습니다. 바르게 계산한 값은 얼마일까요?

잘못된 계산 :

바른 계산 :

 TIP

어떤 수를 □로 놓고 식을 만듭니다. 잘못된 계산을 이용하여 □를 먼저 구한 후, 바르게 계산한 값을 구합니다.

다음을 읽고 □를 사용하여 식을 만들고, 바르게 계산한 값을 구하세요. 이때, 계산 결과가 가분수이면 대분수 또는 자연수로 바꾸어 나타내세요.

어떤 수에서 $\frac{3}{7}$을 더해야 할 것을 잘못하여 뺐더니 $4\frac{2}{7}$가 되었습니다. 바르게 계산한 값은 얼마일까요?

잘못된 계산 :

바른 계산 :

어떤 수에서 $2\frac{2}{9}$를 더해야 할 것을 잘못하여 뺐더니 $\frac{8}{9}$이 되었습니다. 바르게 계산한 값은 얼마일까요?

잘못된 계산 :

바른 계산 :

 다음을 읽고 □를 사용하여 식을 만들고, 바르게 계산한 값을 구하세요. 이때, 계산 결과가 가분수이면 대분수 또는 자연수로 바꾸어 나타내세요.

어떤 수에서 $\dfrac{7}{8}$을 더해야 할 것을 잘못하여 **뺐더니** $3\dfrac{1}{8}$이 되었습니다. 바르게 계산한 값은 얼마일까요?

잘못된 계산 :
_____

바른 계산 :
_____

어떤 수에서 $1\dfrac{4}{9}$를 빼야 할 것을 잘못하여 더했더니 $3\dfrac{7}{9}$이 되었습니다. 바르게 계산한 값은 얼마일까요?

잘못된 계산 :
_____

바른 계산 :
_____

다음을 읽고 □를 사용하여 식을 만들고, 바르게 계산한 값을 구하세요. 이때, 계산 결과가 가분수이면 대분수 또는 자연수로 바꾸어 나타내세요.

어떤 수에서 $1\dfrac{2}{3}$ 를 빼야 할 것을 잘못하여 더했더니 $4\dfrac{1}{3}$ 이 되었습니다. 바르게 계산한 값은 얼마일까요?

잘못된 계산 :

바른 계산 :

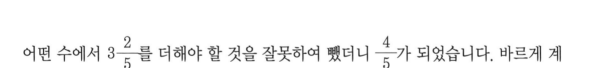 어떤 수에서 $3\dfrac{2}{5}$ 를 더해야 할 것을 잘못하여 뺐더니 $\dfrac{4}{5}$ 가 되었습니다. 바르게 계산한 값은 얼마일까요?

잘못된 계산 :

바른 계산 :

Note

보충학습

Drill

자연수와 분수의 뺄셈

분수의 뺄셈을 하세요.

$3 - \dfrac{4}{7} = \boxed{}$

$2 - \dfrac{3}{8} = \boxed{}$

$1 - \dfrac{7}{12} = \boxed{}$

$5 - \dfrac{4}{9} = \boxed{}$

$4 - \dfrac{5}{8} = \boxed{}$

$3 - \dfrac{3}{11} = \boxed{}$

$5 - \dfrac{8}{13} = \boxed{}$

$2 - \dfrac{5}{6} = \boxed{}$

$4 - \dfrac{5}{9} = \boxed{}$

$2 - \dfrac{4}{11} = \boxed{}$

$6 - \dfrac{2}{7} = \boxed{}$

$3 - \dfrac{7}{13} = \boxed{}$

$5 - \dfrac{4}{15} = \boxed{}$

$2 - \dfrac{10}{17} = \boxed{}$

분수의 뺄셈을 하세요.

$2 - \dfrac{7}{12} =$

$3 - \dfrac{3}{7} =$

$4 - \dfrac{3}{8} =$

$6 - \dfrac{2}{3} =$

$5 - \dfrac{6}{7} =$

$4 - \dfrac{3}{8} =$

$6 - \dfrac{1}{8} =$

$4 - \dfrac{3}{10} =$

$2 - \dfrac{7}{9} =$

$7 - \dfrac{3}{5} =$

$8 - \dfrac{3}{10} =$

$5 - \dfrac{1}{13} =$

$9 - \dfrac{3}{8} =$

$8 - \dfrac{2}{15} =$

분수의 뺄셈을 하세요.

$4 - 2\dfrac{1}{4} = $ □

$3 - 2\dfrac{1}{3} = $ □

$5 - 2\dfrac{6}{7} = $ □

$6 - 3\dfrac{5}{6} = $ □

$3 - 1\dfrac{7}{9} = $ □

$6 - 4\dfrac{2}{9} = $ □

$6 - 3\dfrac{1}{6} = $ □

$2 - 1\dfrac{5}{7} = $ □

$4 - 1\dfrac{3}{5} = $ □

$4 - 3\dfrac{1}{8} = $ □

$5 - 2\dfrac{3}{7} = $ □

$4 - 1\dfrac{5}{6} = $ □

$5 - 1\dfrac{5}{7} = $ □

$7 - 5\dfrac{3}{8} = $ □

분수의 뺄셈을 하세요.

$5 - 2\dfrac{2}{5} =$ ☐

$3 - 1\dfrac{3}{8} =$ ☐

$4 - 1\dfrac{7}{8} =$ ☐

$2 - 1\dfrac{6}{7} =$ ☐

$3 - 2\dfrac{1}{6} =$ ☐

$5 - 3\dfrac{4}{5} =$ ☐

$4 - 3\dfrac{5}{7} =$ ☐

$4 - 2\dfrac{2}{9} =$ ☐

$3 - 1\dfrac{5}{7} =$ ☐

$5 - 1\dfrac{7}{8} =$ ☐

$6 - 2\dfrac{7}{11} =$ ☐

$7 - 1\dfrac{3}{10} =$ ☐

$7 - 4\dfrac{9}{11} =$ ☐

$8 - 6\dfrac{9}{14} =$ ☐

대분수와 진분수의
덧셈과 뺄셈

분수의 덧셈을 하세요.

$2\dfrac{5}{6} + \dfrac{1}{6} =$ ☐

$\dfrac{1}{7} + 1\dfrac{5}{7} =$ ☐

$2\dfrac{3}{5} + \dfrac{4}{5} =$ ☐

$\dfrac{7}{9} + 3\dfrac{4}{9} =$ ☐

$4\dfrac{1}{6} + \dfrac{5}{6} =$ ☐

$\dfrac{1}{8} + 5\dfrac{4}{8} =$ ☐

$3\dfrac{6}{7} + \dfrac{6}{7} =$ ☐

$\dfrac{5}{8} + 1\dfrac{7}{8} =$ ☐

$2\dfrac{7}{12} + \dfrac{7}{12} =$ ☐

$\dfrac{4}{15} + 4\dfrac{7}{15} =$ ☐

$2\dfrac{5}{14} + \dfrac{8}{14} =$ ☐

$\dfrac{6}{17} + 3\dfrac{10}{17} =$ ☐

$1\dfrac{11}{16} + \dfrac{15}{16} =$ ☐

$\dfrac{6}{13} + 4\dfrac{8}{13} =$ ☐

분수의 덧셈을 하세요.

$4 \dfrac{3}{7} + \dfrac{2}{7} =$ ☐

$\dfrac{3}{5} + 1 \dfrac{4}{5} =$ ☐

$2 \dfrac{5}{6} + \dfrac{4}{6} =$ ☐

$\dfrac{4}{7} + 3 \dfrac{6}{7} =$ ☐

$3 \dfrac{4}{8} + \dfrac{7}{8} =$ ☐

$\dfrac{3}{9} + 5 \dfrac{8}{9} =$ ☐

$2 \dfrac{6}{11} + \dfrac{5}{11} =$ ☐

$\dfrac{7}{10} + 4 \dfrac{8}{10} =$ ☐

$1 \dfrac{9}{14} + \dfrac{4}{14} =$ ☐

$\dfrac{11}{13} + 1 \dfrac{5}{13} =$ ☐

$2 \dfrac{4}{15} + \dfrac{7}{15} =$ ☐

$\dfrac{8}{18} + 1 \dfrac{8}{18} =$ ☐

$1 \dfrac{10}{17} + \dfrac{7}{17} =$ ☐

$\dfrac{9}{20} + 2 \dfrac{8}{20} =$ ☐

분수의 뺄셈을 하세요.

$4\dfrac{3}{5} - \dfrac{4}{5} = $ ☐

$2\dfrac{3}{9} - \dfrac{1}{9} = $ ☐

$5\dfrac{7}{8} - \dfrac{6}{8} = $ ☐

$3\dfrac{4}{7} - \dfrac{5}{7} = $ ☐

$3\dfrac{6}{7} - \dfrac{4}{7} = $ ☐

$4\dfrac{1}{5} - \dfrac{4}{5} = $ ☐

$6\dfrac{1}{6} - \dfrac{5}{6} = $ ☐

$2\dfrac{4}{9} - \dfrac{6}{9} = $ ☐

$5\dfrac{2}{5} - \dfrac{4}{5} = $ ☐

$7\dfrac{2}{6} - \dfrac{5}{6} = $ ☐

$3\dfrac{7}{13} - \dfrac{3}{13} = $ ☐

$4\dfrac{8}{12} - \dfrac{9}{12} = $ ☐

$2\dfrac{7}{15} - \dfrac{11}{15} = $ ☐

$1\dfrac{5}{17} - \dfrac{9}{17} = $ ☐

분수의 뺄셈을 하세요.

$2\dfrac{1}{4} - \dfrac{3}{4} =$ ☐

$4\dfrac{1}{7} - \dfrac{6}{7} =$ ☐

$8\dfrac{5}{6} - \dfrac{3}{6} =$ ☐

$5\dfrac{2}{5} - \dfrac{4}{5} =$ ☐

$6\dfrac{3}{5} - \dfrac{4}{5} =$ ☐

$4\dfrac{4}{7} - \dfrac{6}{7} =$ ☐

$4\dfrac{2}{9} - \dfrac{4}{9} =$ ☐

$6\dfrac{1}{6} - \dfrac{4}{6} =$ ☐

$8\dfrac{2}{7} - \dfrac{6}{7} =$ ☐

$7\dfrac{3}{8} - \dfrac{7}{8} =$ ☐

$3\dfrac{8}{10} - \dfrac{9}{10} =$ ☐

$3\dfrac{14}{15} - \dfrac{8}{15} =$ ☐

$2\dfrac{5}{13} - \dfrac{10}{13} =$ ☐

$4\dfrac{2}{12} - \dfrac{9}{12} =$ ☐

세 분수의 덧셈과 뺄셈

분수의 덧셈을 하세요. 계산 결과가 가분수이면 대분수 또는 자연수로 바꾸어 나타내세요.

$\dfrac{6}{12} + \dfrac{7}{12} + \dfrac{8}{12} =$ ☐

$3\dfrac{5}{7} + \dfrac{4}{7} + \dfrac{6}{7} =$ ☐

$\dfrac{1}{6} + 5\dfrac{5}{6} + \dfrac{1}{6} =$ ☐

$4\dfrac{5}{9} + \dfrac{7}{9} + \dfrac{4}{9} =$ ☐

$2\dfrac{3}{8} + 2\dfrac{7}{8} + \dfrac{5}{8} =$ ☐

$\dfrac{7}{11} + 4\dfrac{8}{11} + 3\dfrac{4}{11} =$ ☐

$5\dfrac{5}{14} + \dfrac{3}{14} + 1\dfrac{8}{14} =$ ☐

분수의 뺄셈을 하세요.

$5\dfrac{2}{7} - \dfrac{4}{7} - \dfrac{6}{7} = \boxed{}$

$4\dfrac{1}{8} - 1\dfrac{3}{8} - \dfrac{5}{8} = \boxed{}$

$5\dfrac{7}{9} - 2\dfrac{4}{9} - \dfrac{3}{9} = \boxed{}$

$7\dfrac{1}{6} - 3\dfrac{5}{6} - \dfrac{5}{6} = \boxed{}$

$\dfrac{14}{15} - \dfrac{5}{15} - \dfrac{8}{15} = \boxed{}$

$4\dfrac{7}{12} - \dfrac{5}{12} - \dfrac{11}{12} = \boxed{}$

$6\dfrac{3}{13} - 2\dfrac{6}{13} - \dfrac{4}{13} = \boxed{}$

다음을 계산하세요. 계산 결과가 가분수이면 대분수 또는 자연수로 바꾸어 나타내세요.

$3\dfrac{4}{5} + \dfrac{2}{5} - 1\dfrac{3}{5} =$ ☐

$2\dfrac{1}{7} + 2\dfrac{3}{7} - \dfrac{5}{7} =$ ☐

$5\dfrac{2}{6} - \dfrac{5}{6} + 1\dfrac{5}{6} =$ ☐

$4\dfrac{5}{8} - 1\dfrac{7}{8} + \dfrac{3}{8} =$ ☐

$3\dfrac{4}{9} - \dfrac{8}{9} + \dfrac{5}{9} =$ ☐

$6\dfrac{3}{7} + \dfrac{2}{7} - 1\dfrac{6}{7} =$ ☐

$3\dfrac{3}{10} - 2\dfrac{7}{10} + \dfrac{9}{10} =$ ☐

다음을 계산하세요. 계산 결과가 가분수이면 대분수 또는 자연수로 바꾸어 나타내세요.

$5 \dfrac{4}{8} + \dfrac{5}{8} - 2 \dfrac{7}{8} =$

$6 \dfrac{3}{4} - 4 \dfrac{1}{4} + \dfrac{3}{4} =$

$7 \dfrac{1}{6} - \dfrac{4}{6} + 2 \dfrac{5}{6} =$

$4 \dfrac{2}{7} + \dfrac{4}{7} - 1 \dfrac{5}{7} =$

$3 \dfrac{4}{9} + 3 \dfrac{7}{9} - \dfrac{6}{9} =$

$3 \dfrac{8}{13} - \dfrac{9}{13} + \dfrac{6}{13} =$

$4 \dfrac{13}{14} - 1 \dfrac{5}{14} + \dfrac{9}{14} =$

다음 저울의 양쪽 값이 같도록 빈 곳에 알맞은 수를 써넣으세요.

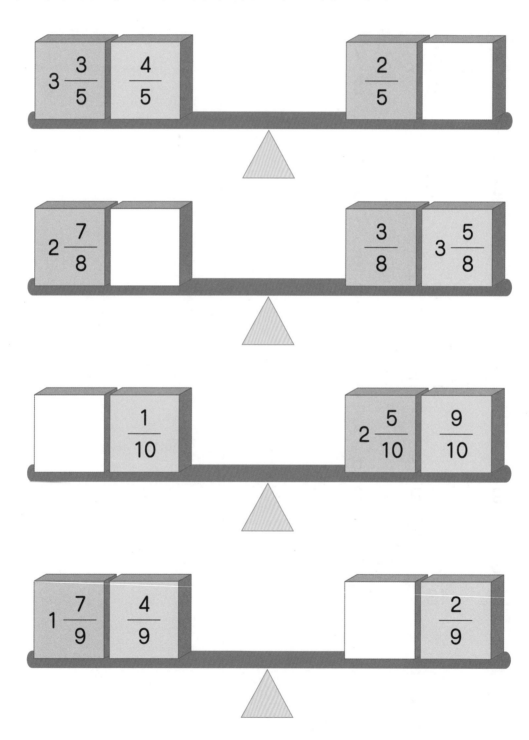

다음 저울의 양쪽 값이 같도록 빈 곳에 알맞은 수를 써넣으세요.

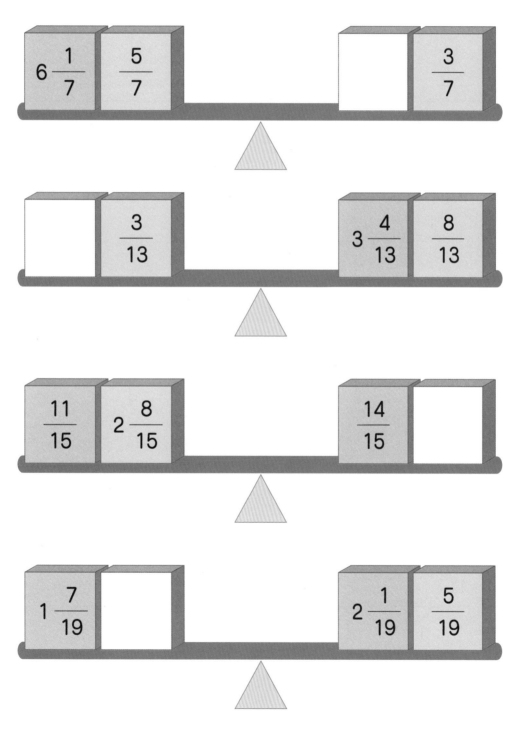

□ 안에 알맞은 수를 써넣으세요.

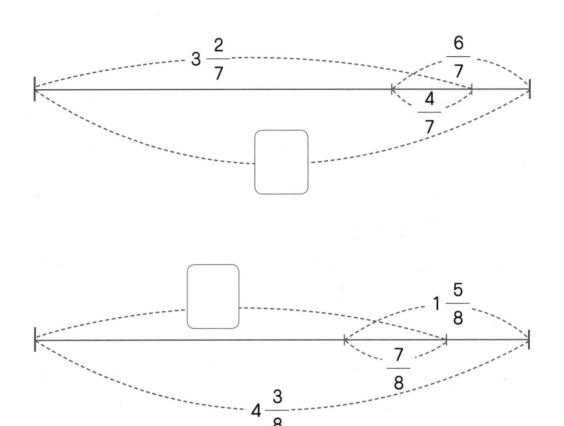

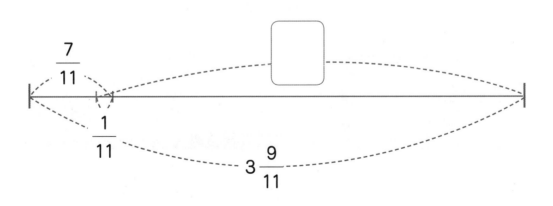

□ 안에 알맞은 수를 써넣으세요.

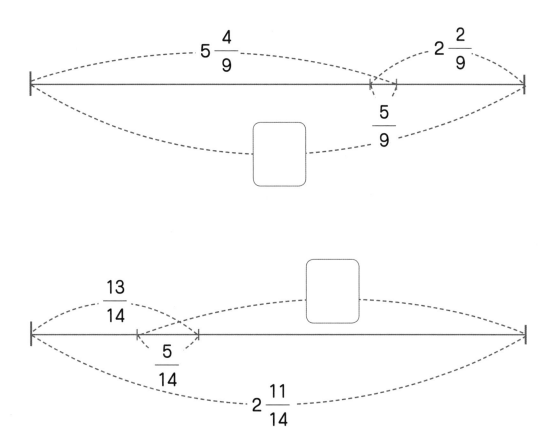

$5\dfrac{4}{9}$ $2\dfrac{2}{9}$ $\dfrac{5}{9}$ $\boxed{}$

$\dfrac{13}{14}$ $\dfrac{5}{14}$ $2\dfrac{11}{14}$ $\boxed{}$

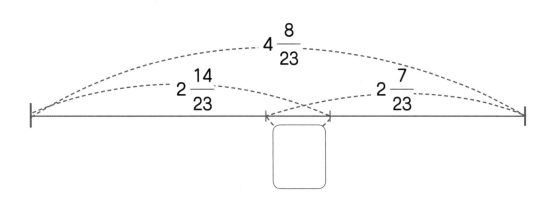

$4\dfrac{8}{23}$ $2\dfrac{14}{23}$ $2\dfrac{7}{23}$ $\boxed{}$

Note

정답

자연수를 가분수로 나타내기

🌱 다음과 같이 자연수를 가분수로 나타내는 방법을 알아보고, 빈칸에 알맞은 수를 써 넣으세요.

$2 = \dfrac{6}{3}$

$2 = \dfrac{8}{4}$

$2 = \dfrac{12}{6}$

$2 = \dfrac{16}{8}$

TIP 분수는 전체에 대한 부분을 나타내는 수입니다. 자연수와 분수의 덧셈과 뺄셈을 하기 위해 자연수를 분수로 나타내는 방법을 연습합니다.

🌱 자연수를 가분수로 나타내세요.

$2 = \dfrac{10}{5}$　　　$1 = \dfrac{3}{3}$

$3 = \dfrac{6}{2}$　　　$5 = \dfrac{30}{6}$

$5 = \dfrac{25}{5}$　　　$6 = \dfrac{42}{7}$

$4 = \dfrac{20}{5}$　　　$7 = \dfrac{14}{2}$

$6 = \dfrac{24}{4}$　　　$6 = \dfrac{48}{8}$

$8 = \dfrac{24}{3}$　　　$4 = \dfrac{28}{7}$

$7 = \dfrac{21}{3}$　　　$9 = \dfrac{36}{4}$

🌱 신나는 연산!

🌱 자연수를 가분수로 나타내세요.

$3 = \dfrac{12}{4}$　　　$8 = \dfrac{56}{7}$

$2 = \dfrac{14}{7}$　　　$3 = \dfrac{15}{5}$

$6 = \dfrac{30}{5}$　　　$7 = \dfrac{28}{4}$

$5 = \dfrac{35}{7}$　　　$9 = \dfrac{27}{3}$

$8 = \dfrac{40}{5}$　　　$7 = \dfrac{49}{7}$

$7 = \dfrac{42}{6}$　　　$9 = \dfrac{18}{2}$

$8 = \dfrac{48}{6}$　　　$5 = \dfrac{40}{8}$

🌱 다음과 같이 자연수 부분 중 1만을 가져와서 분수로 나타내는 방법을 알아보고, 빈칸에 알맞은 수를 써넣으세요.

$2 = 1\dfrac{2}{2}$

$2 = 1\dfrac{3}{3}$

$2 = 1\dfrac{4}{4}$

$2 = 1\dfrac{6}{6}$

TIP 자연수에서 1을 받아내림하여 분수로 바꿉니다. 자연수에서 1을 진분수의 분모와 같은 분수로 고칩니다.

🌱 자연수 부분 중 1만을 가져와서 분수로 나타내세요.

$3 = 2 \dfrac{2}{2}$ $3 = 2 \dfrac{4}{4}$

$2 = 1 \dfrac{5}{5}$ $4 = 3 \dfrac{5}{5}$

$5 = 4 \dfrac{3}{3}$ $5 = 4 \dfrac{7}{7}$

$6 = 5 \dfrac{7}{7}$ $4 = 3 \dfrac{4}{4}$

$7 = 6 \dfrac{3}{3}$ $8 = 7 \dfrac{5}{5}$

$9 = 8 \dfrac{2}{2}$ $9 = 8 \dfrac{4}{4}$

$7 = 6 \dfrac{4}{4}$ $6 = 5 \dfrac{4}{4}$

14 소마샘 – D2

🌱 자연수 부분 중 1만을 가져와서 분수로 나타내세요.

$6 = 5 \dfrac{5}{5}$ $7 = 6 \dfrac{2}{2}$

$8 = 7 \dfrac{4}{4}$ $9 = 8 \dfrac{6}{6}$

$4 = 3 \dfrac{6}{6}$ $6 = 5 \dfrac{8}{8}$

$8 = 7 \dfrac{7}{7}$ $7 = 6 \dfrac{5}{5}$

$9 = 8 \dfrac{5}{5}$ $6 = 5 \dfrac{2}{2}$

$5 = 4 \dfrac{6}{6}$ $9 = 8 \dfrac{9}{9}$

$8 = 7 \dfrac{3}{3}$ $5 = 4 \dfrac{8}{8}$

1주 – 자연수와 분수의 뺄셈 **15**

---

2 일 차 **(자연수) – (진분수) (1)**

🌱 다음과 같이 자연수를 가분수로 만들어 뺄셈을 하세요. 이때, 계산 결과가 가분수이면 대분수로 바꾸어 나타내세요.

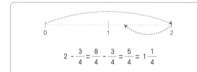

$$2 - \dfrac{3}{4} = \dfrac{8}{4} - \dfrac{3}{4} = \dfrac{5}{4} = 1 \dfrac{1}{4}$$

$1 - \dfrac{5}{6} = \boxed{\dfrac{6}{6}} - \dfrac{5}{6} = \boxed{\dfrac{1}{6}}$

$3 - \dfrac{2}{5} = \boxed{\dfrac{15}{5}} - \dfrac{2}{5} = \boxed{\dfrac{13}{5}} = \boxed{2 \dfrac{3}{5}}$

$2 - \dfrac{5}{8} = \boxed{\dfrac{16}{8}} - \dfrac{5}{8} = \boxed{\dfrac{11}{8}} = \boxed{1 \dfrac{3}{8}}$

 T I P
자연수 부분을 모두 가분수로 바꾼 후, 분자끼리 뺍니다.

16 소마샘 – D2

🌱 분수의 뺄셈을 하세요.

$2 - \dfrac{4}{5} = \boxed{1 \dfrac{1}{5}}$ $3 - \dfrac{5}{6} = \boxed{2 \dfrac{1}{6}}$

$1 - \dfrac{3}{14} = \boxed{\dfrac{11}{14}}$ $4 - \dfrac{2}{7} = \boxed{3 \dfrac{5}{7}}$

$4 - \dfrac{3}{8} = \boxed{3 \dfrac{5}{8}}$ $7 - \dfrac{4}{9} = \boxed{6 \dfrac{5}{9}}$

$3 - \dfrac{11}{15} = \boxed{2 \dfrac{4}{15}}$ $4 - \dfrac{5}{8} = \boxed{3 \dfrac{3}{8}}$

$5 - \dfrac{3}{7} = \boxed{4 \dfrac{4}{7}}$ $2 - \dfrac{6}{13} = \boxed{1 \dfrac{7}{13}}$

$4 - \dfrac{3}{10} = \boxed{3 \dfrac{7}{10}}$ $5 - \dfrac{7}{12} = \boxed{4 \dfrac{5}{12}}$

$5 - \dfrac{17}{20} = \boxed{4 \dfrac{3}{20}}$ $8 - \dfrac{10}{11} = \boxed{7 \dfrac{1}{11}}$

1주 – 자연수와 분수의 뺄셈 **17**

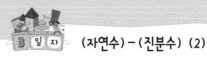

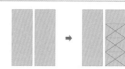

(자연수) − (진분수) (2)

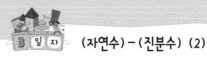

P 18 ~ 19

🌱 분수의 뺄셈을 하세요.

$3 - \dfrac{2}{9} = 2\dfrac{7}{9}$

$2 - \dfrac{5}{8} = 1\dfrac{3}{8}$

$5 - \dfrac{7}{10} = 4\dfrac{3}{10}$

$6 - \dfrac{5}{12} = 5\dfrac{7}{12}$

$4 - \dfrac{2}{13} = 3\dfrac{11}{13}$

$3 - \dfrac{3}{14} = 2\dfrac{11}{14}$

$7 - \dfrac{11}{13} = 6\dfrac{2}{13}$

$2 - \dfrac{4}{7} = 1\dfrac{3}{7}$

$4 - \dfrac{5}{7} = 3\dfrac{2}{7}$

$1 - \dfrac{4}{17} = \dfrac{13}{17}$

$8 - \dfrac{9}{11} = 7\dfrac{2}{11}$

$3 - \dfrac{7}{12} = 2\dfrac{5}{12}$

$5 - \dfrac{2}{15} = 4\dfrac{13}{15}$

$6 - \dfrac{11}{15} = 5\dfrac{4}{15}$

18 소마셈 · D2

🌱 다음과 같이 자연수에서 1만큼을 가분수로 만들어 뺄셈을 하세요.

$$2 - \dfrac{3}{4} = 1\dfrac{4}{4} - \dfrac{3}{4} = 1\dfrac{1}{4}$$

$2 - \dfrac{1}{6} = 1\boxed{\dfrac{6}{6}} - \dfrac{1}{6} = 1\boxed{\dfrac{5}{6}}$

$4 - \dfrac{2}{5} = 3\boxed{\dfrac{5}{5}} - \dfrac{2}{5} = 3\boxed{\dfrac{3}{5}}$

$5 - \dfrac{3}{4} = 4\boxed{\dfrac{4}{4}} - \dfrac{3}{4} = 4\boxed{\dfrac{1}{4}}$

TIP
자연수에서 1만큼을 진분수의 분모와 같은 분수로 고친 후 자연수와 분모는 그대로 쓰고, 분자끼리 뺍니다.

1주 - 자연수와 분수의 뺄셈 19

P 20 ~ 21

🌱 분수의 뺄셈을 하세요.

$3 - \dfrac{1}{5} = 2\dfrac{4}{5}$

$2 - \dfrac{7}{8} = 1\dfrac{1}{8}$

$4 - \dfrac{2}{9} = 3\dfrac{7}{9}$

$5 - \dfrac{6}{11} = 4\dfrac{5}{11}$

$4 - \dfrac{6}{10} = 3\dfrac{4}{10}$

$8 - \dfrac{10}{13} = 7\dfrac{3}{13}$

$7 - \dfrac{19}{21} = 6\dfrac{2}{21}$

$3 - \dfrac{3}{10} = 2\dfrac{7}{10}$

$7 - \dfrac{5}{12} = 6\dfrac{7}{12}$

$4 - \dfrac{7}{8} = 3\dfrac{1}{8}$

$4 - \dfrac{8}{15} = 3\dfrac{7}{15}$

$6 - \dfrac{2}{8} = 5\dfrac{6}{8}$

$5 - \dfrac{14}{17} = 4\dfrac{3}{17}$

$9 - \dfrac{13}{20} = 8\dfrac{7}{20}$

20 소마셈 · D2

🌱 분수의 뺄셈을 하세요.

$2 - \dfrac{7}{9} = 1\dfrac{2}{9}$

$4 - \dfrac{4}{11} = 3\dfrac{7}{11}$

$5 - \dfrac{2}{7} = 4\dfrac{5}{7}$

$7 - \dfrac{3}{8} = 6\dfrac{5}{8}$

$3 - \dfrac{8}{9} = 2\dfrac{1}{9}$

$9 - \dfrac{7}{12} = 8\dfrac{5}{12}$

$3 - \dfrac{6}{17} = 2\dfrac{11}{17}$

$3 - \dfrac{3}{8} = 2\dfrac{5}{8}$

$6 - \dfrac{4}{5} = 5\dfrac{1}{5}$

$4 - \dfrac{3}{10} = 3\dfrac{7}{10}$

$3 - \dfrac{12}{13} = 2\dfrac{1}{13}$

$8 - \dfrac{5}{11} = 7\dfrac{6}{11}$

$2 - \dfrac{3}{14} = 1\dfrac{11}{14}$

$7 - \dfrac{15}{22} = 6\dfrac{7}{22}$

1주 - 자연수와 분수의 뺄셈 21

100 소마셈 - D2

(자연수) – (대분수) (1)

🌱 다음과 같이 자연수와 대분수를 가분수로 만들어 뺄셈을 하세요. 이때, 계산 결과가 가분수이면 대분수로 바꾸어 나타내세요.

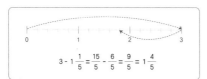

$$3 - 1\frac{1}{5} = \frac{15}{5} - \frac{6}{5} = \frac{9}{5} = 1\frac{4}{5}$$

$$2 - 1\frac{3}{8} = \frac{16}{8} - \frac{11}{8} = \frac{5}{8}$$

$$3 - 1\frac{4}{5} = \frac{15}{5} - \frac{9}{5} = \frac{6}{5} = 1\frac{1}{5}$$

$$4 - 2\frac{1}{3} = \frac{12}{3} - \frac{7}{3} = \frac{5}{3} = 1\frac{2}{3}$$

TIP 자연수와 대분수를 모두 가분수로 바꾼 후, 분자끼리 뺍니다. 이와 같은 방법은 계산 결과가 가분수인 경우가 있으므로 대분수로 바꾸어 나타내는 과정을 한 번 더 하게 됩니다.

22 소마셈 – D2

🌱 분수의 뺄셈을 하세요.

$$3 - 2\frac{4}{5} = \frac{1}{5}$$ $$2 - 1\frac{3}{4} = \frac{1}{4}$$

$$2 - 1\frac{2}{3} = \frac{1}{3}$$ $$5 - 1\frac{4}{5} = 3\frac{1}{5}$$

$$4 - 1\frac{6}{7} = 2\frac{1}{7}$$ $$4 - 1\frac{5}{6} = 2\frac{1}{6}$$

$$5 - 3\frac{5}{6} = 1\frac{1}{6}$$ $$6 - 5\frac{1}{3} = \frac{2}{3}$$

$$4 - 2\frac{1}{7} = 1\frac{6}{7}$$ $$5 - 2\frac{5}{8} = 2\frac{3}{8}$$

$$7 - 3\frac{3}{5} = 3\frac{2}{5}$$ $$4 - 2\frac{4}{7} = 1\frac{3}{7}$$

$$6 - 4\frac{5}{6} = 1\frac{1}{6}$$ $$5 - 3\frac{2}{9} = 1\frac{7}{9}$$

1주 – 자연수와 분수의 뺄셈 23

🌱 분수의 뺄셈을 하세요.

$$5 - 1\frac{1}{3} = 3\frac{2}{3}$$ $$4 - 3\frac{1}{4} = \frac{3}{4}$$

$$4 - 3\frac{2}{7} = \frac{5}{7}$$ $$3 - 1\frac{1}{8} = 1\frac{7}{8}$$

$$5 - 1\frac{3}{5} = 3\frac{2}{5}$$ $$4 - 2\frac{3}{7} = 1\frac{4}{7}$$

$$3 - 2\frac{1}{6} = \frac{5}{6}$$ $$4 - 2\frac{4}{9} = 1\frac{5}{9}$$

$$4 - 2\frac{3}{8} = 1\frac{5}{8}$$ $$5 - 1\frac{5}{9} = 3\frac{4}{9}$$

$$6 - 2\frac{5}{9} = 3\frac{4}{9}$$ $$5 - 3\frac{3}{10} = 1\frac{7}{10}$$

$$7 - 4\frac{5}{8} = 2\frac{3}{8}$$ $$6 - 4\frac{1}{11} = 1\frac{10}{11}$$

24 소마셈 – D2

 (자연수) – (대분수) (2)

🌱 다음과 같이 자연수에서 1만큼을 가분수로 만들어 뺄셈을 하세요.

$$3 - 1\frac{1}{5} = 2\frac{5}{5} - 1\frac{1}{5} = 1\frac{4}{5}$$

$$3 - 1\frac{2}{3} = 2\frac{3}{3} - 1\frac{2}{3} = 1\frac{1}{3}$$

$$4 - 1\frac{5}{6} = 3\frac{6}{6} - 1\frac{5}{6} = 2\frac{1}{6}$$

$$5 - 2\frac{3}{5} = 4\frac{5}{5} - 2\frac{3}{5} = 2\frac{2}{5}$$

TIP 자연수에서 1만큼을 대분수의 분모와 같은 수로 고친 후 자연수는 자연수끼리, 분수는 분수끼리 뺍니다. 이와 같은 방법은 4일차의 방법과 달리 자연수를 가분수로 만들 때, 1만 받아내렸기 때문에 계산이 간단합니다.

1주 – 자연수와 분수의 뺄셈 25

신나는 연산!

1주 월 일

🌱 분수의 뺄셈을 하세요.

$4 - 2\frac{2}{3} = \boxed{1\frac{1}{3}}$

$3 - 1\frac{3}{4} = \boxed{1\frac{1}{4}}$

$2 - 1\frac{1}{6} = \boxed{\frac{5}{6}}$

$2 - 1\frac{4}{5} = \boxed{\frac{1}{5}}$

$3 - 2\frac{7}{8} = \boxed{\frac{1}{8}}$

$5 - 3\frac{6}{7} = \boxed{1\frac{1}{7}}$

$6 - 4\frac{1}{3} = \boxed{1\frac{2}{3}}$

$3 - 2\frac{2}{3} = \boxed{\frac{1}{3}}$

$6 - 4\frac{5}{7} = \boxed{1\frac{2}{7}}$

$5 - 2\frac{1}{9} = \boxed{2\frac{8}{9}}$

$5 - 3\frac{7}{10} = \boxed{1\frac{3}{10}}$

$4 - 2\frac{9}{11} = \boxed{1\frac{2}{11}}$

$4 - 1\frac{12}{13} = \boxed{2\frac{1}{13}}$

$7 - 1\frac{13}{15} = \boxed{5\frac{2}{15}}$

🌱 분수의 뺄셈을 하세요.

$3 - 2\frac{3}{5} = \boxed{\frac{2}{5}}$

$3 - 1\frac{5}{6} = \boxed{1\frac{1}{6}}$

$6 - 1\frac{1}{5} = \boxed{4\frac{4}{5}}$

$4 - 3\frac{5}{7} = \boxed{\frac{2}{7}}$

$5 - 2\frac{5}{8} = \boxed{2\frac{3}{8}}$

$5 - 2\frac{2}{5} = \boxed{2\frac{3}{5}}$

$4 - 1\frac{3}{4} = \boxed{2\frac{1}{4}}$

$3 - 2\frac{1}{8} = \boxed{\frac{7}{8}}$

$3 - 1\frac{5}{7} = \boxed{1\frac{2}{7}}$

$7 - 2\frac{1}{6} = \boxed{4\frac{5}{6}}$

$7 - 2\frac{5}{12} = \boxed{4\frac{7}{12}}$

$8 - 3\frac{7}{10} = \boxed{4\frac{3}{10}}$

$6 - 2\frac{11}{13} = \boxed{3\frac{2}{13}}$

$9 - 1\frac{9}{14} = \boxed{7\frac{5}{14}}$

1 일 차 (대분수)＋(진분수) (1)

2주 월 일

🌱 다음과 같이 덧셈을 하세요.

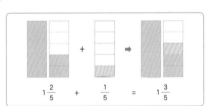

$1\frac{2}{5}$ ＋ $\frac{1}{5}$ ＝ $1\frac{3}{5}$

2+4=6

$1\frac{2}{7} + \frac{4}{7} = \boxed{1} + \frac{\boxed{6}}{7} = 1\frac{\boxed{6}}{7}$

1+0=1

$2\frac{3}{6} + \frac{2}{6} = \boxed{2} + \frac{\boxed{5}}{6} = 2\frac{\boxed{5}}{6}$

$\frac{5}{9} + 2\frac{2}{9} = \boxed{2} + \frac{\boxed{7}}{9} = 2\frac{\boxed{7}}{9}$

TIP
대분수와 진분수의 덧셈에서 자연수는 자연수끼리, 분수는 분수끼리 더합니다. 이때 진분수의 자연수는 00이라는 것을 잊지 말도록 합니다.

🌱 분수의 덧셈을 하세요.

$2\frac{3}{5} + \frac{1}{5} = \boxed{2\frac{4}{5}}$

$\frac{1}{7} + 1\frac{5}{7} = \boxed{1\frac{6}{7}}$

$3\frac{5}{8} + \frac{1}{8} = \boxed{3\frac{6}{8}}$

$\frac{4}{9} + 3\frac{4}{9} = \boxed{3\frac{8}{9}}$

$5\frac{2}{10} + \frac{7}{10} = \boxed{5\frac{9}{10}}$

$\frac{5}{12} + 4\frac{1}{12} = \boxed{4\frac{6}{12}}$

$2\frac{3}{11} + \frac{6}{11} = \boxed{2\frac{9}{11}}$

$\frac{3}{14} + 3\frac{5}{14} = \boxed{3\frac{8}{14}}$

$2\frac{5}{18} + \frac{8}{18} = \boxed{2\frac{13}{18}}$

$\frac{7}{15} + 1\frac{7}{15} = \boxed{1\frac{14}{15}}$

$1\frac{9}{16} + \frac{4}{16} = \boxed{1\frac{13}{16}}$

$\frac{3}{17} + 4\frac{3}{17} = \boxed{4\frac{6}{17}}$

$4\frac{13}{21} + \frac{6}{21} = \boxed{4\frac{19}{21}}$

$\frac{17}{25} + 1\frac{7}{25} = \boxed{1\frac{24}{25}}$

2주

(대분수) + (진분수) (2)

🌱 분수의 덧셈을 하세요.

$5\frac{1}{6} + \frac{4}{6} = 5\frac{5}{6}$　　$\frac{2}{9} + 3\frac{5}{9} = 3\frac{7}{9}$

$4\frac{4}{7} + \frac{2}{7} = 4\frac{6}{7}$　　$\frac{3}{8} + 6\frac{4}{8} = 6\frac{7}{8}$

$3\frac{7}{11} + \frac{3}{11} = 3\frac{10}{11}$　　$\frac{1}{5} + 4\frac{1}{5} = 4\frac{2}{5}$

$1\frac{4}{10} + \frac{3}{10} = 1\frac{7}{10}$　　$\frac{4}{13} + 2\frac{6}{13} = 2\frac{10}{13}$

$2\frac{8}{18} + \frac{7}{18} = 2\frac{15}{18}$　　$\frac{13}{20} + 2\frac{1}{20} = 2\frac{14}{20}$

$2\frac{13}{22} + \frac{8}{22} = 2\frac{21}{22}$　　$\frac{7}{24} + 1\frac{16}{24} = 1\frac{23}{24}$

$3\frac{9}{23} + \frac{9}{23} = 3\frac{18}{23}$　　$\frac{17}{21} + 4\frac{2}{21} = 4\frac{19}{21}$

🌱 다음과 같이 덧셈을 하세요.

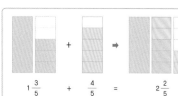

$1\frac{3}{5}$ + $\frac{4}{5}$ = $2\frac{2}{5}$

$1\frac{3}{5} + \frac{4}{5} = 1 + \frac{7}{5} = 1 + 1\frac{2}{5} = 2\frac{2}{5}$

2+6=8

$2\frac{2}{7} + \frac{6}{7} = 2 + \frac{8}{7} = (2 + 1)\frac{1}{7} = 3\frac{1}{7}$

2+0=2

$\frac{7}{8} + 1\frac{6}{8} = 1 + \frac{13}{8} = 1 + 1\frac{5}{8} = 2\frac{5}{8}$

TIP
먼저 자연수는 자연수끼리, 분수는 분수끼리 더합니다. 분수 부분끼리의 합이 가분수이면, 대분수로 나타낸 후 자연수와 더합니다.

2주 월 일

🌱 분수의 덧셈을 하세요.

$2\frac{3}{4} + \frac{2}{4} = 3\frac{1}{4}$　　$\frac{5}{6} + 1\frac{5}{6} = 2\frac{4}{6}$

$2\frac{6}{7} + \frac{3}{7} = 3\frac{2}{7}$　　$\frac{3}{8} + 1\frac{5}{8} = 2$

$2\frac{7}{8} + \frac{3}{8} = 3\frac{2}{8}$　　$\frac{5}{9} + 3\frac{5}{9} = 4\frac{1}{9}$

$3\frac{4}{6} + \frac{3}{6} = 4\frac{1}{6}$　　$\frac{8}{12} + 1\frac{5}{12} = 2\frac{1}{12}$

$1\frac{5}{13} + \frac{12}{13} = 2\frac{4}{13}$　　$\frac{9}{15} + 3\frac{9}{15} = 4\frac{3}{15}$

$2\frac{7}{9} + \frac{2}{9} = 3$　　$\frac{7}{10} + 2\frac{7}{10} = 3\frac{4}{10}$

$4\frac{6}{7} + \frac{3}{7} = 5\frac{2}{7}$　　$\frac{8}{14} + 1\frac{9}{14} = 2\frac{3}{14}$

🌱 분수의 덧셈을 하세요.

$2\frac{3}{8} + \frac{7}{8} = 3\frac{2}{8}$　　$\frac{2}{5} + 3\frac{4}{5} = 4\frac{1}{5}$

$1\frac{5}{9} + \frac{5}{9} = 2\frac{1}{9}$　　$\frac{4}{7} + 3\frac{4}{7} = 4\frac{1}{7}$

$4\frac{3}{9} + \frac{8}{9} = 5\frac{2}{9}$　　$\frac{5}{6} + 5\frac{2}{6} = 6\frac{1}{6}$

$2\frac{7}{8} + \frac{5}{8} = 3\frac{4}{8}$　　$\frac{7}{10} + 4\frac{4}{10} = 5\frac{1}{10}$

$1\frac{10}{11} + \frac{3}{11} = 2\frac{2}{11}$　　$\frac{5}{9} + 2\frac{8}{9} = 3\frac{4}{9}$

$2\frac{4}{15} + \frac{14}{15} = 3\frac{3}{15}$　　$\frac{4}{15} + 1\frac{13}{15} = 2\frac{2}{15}$

$1\frac{11}{12} + \frac{6}{12} = 2\frac{5}{12}$　　$\frac{13}{20} + 2\frac{8}{20} = 3\frac{1}{20}$

3 일 차 (대분수) − (진분수) (1)

2주 월 일

🌱 다음과 같이 뺄셈을 하세요.

$$2\frac{3}{7} - \frac{2}{7} = 2\frac{1}{7}$$

(눈금자 0 ~ 3)

$$4\frac{4}{5} - \frac{3}{5} = \boxed{4} + \boxed{\frac{1}{5}} = \boxed{4\frac{1}{5}}$$

4−3=1
4−0=4

$$5\frac{6}{7} - \frac{3}{7} = \boxed{5} + \boxed{\frac{3}{7}} = \boxed{5\frac{3}{7}}$$

$$3\frac{5}{8} - \frac{2}{8} = \boxed{3} + \boxed{\frac{3}{8}} = \boxed{3\frac{3}{8}}$$

> **TIP**
> 대분수와 진분수의 뺄셈에서 자연수는 자연수끼리, 분수는 분수끼리 뺀 후 두 수를 더합니다.
> 이때 진분수의 자연수는 0이라는 것을 잊지 말도록 합니다.

🌱 분수의 뺄셈을 하세요.

$$4\frac{3}{4} - \frac{2}{4} = \boxed{4\frac{1}{4}}$$

$$5\frac{2}{3} - \frac{1}{3} = \boxed{5\frac{1}{3}}$$

$$2\frac{6}{8} - \frac{3}{8} = \boxed{2\frac{3}{8}}$$

$$3\frac{6}{7} - \frac{2}{7} = \boxed{3\frac{4}{7}}$$

$$6\frac{5}{7} - \frac{3}{7} = \boxed{6\frac{2}{7}}$$

$$4\frac{4}{5} - \frac{3}{5} = \boxed{4\frac{1}{5}}$$

$$3\frac{7}{9} - \frac{3}{9} = \boxed{3\frac{4}{9}}$$

$$2\frac{5}{6} - \frac{4}{6} = \boxed{2\frac{1}{6}}$$

$$3\frac{9}{10} - \frac{2}{10} = \boxed{3\frac{7}{10}}$$

$$4\frac{8}{13} - \frac{5}{13} = \boxed{4\frac{3}{13}}$$

$$2\frac{11}{15} - \frac{7}{15} = \boxed{2\frac{4}{15}}$$

$$3\frac{8}{11} - \frac{6}{11} = \boxed{3\frac{2}{11}}$$

$$5\frac{9}{14} - \frac{6}{14} = \boxed{5\frac{3}{14}}$$

$$1\frac{11}{21} - \frac{9}{21} = \boxed{1\frac{2}{21}}$$

2주

4 일 차 (대분수) − (진분수) (2)

🌱 분수의 뺄셈을 하세요.

$$5\frac{3}{5} - \frac{2}{5} = \boxed{5\frac{1}{5}}$$

$$3\frac{5}{6} - \frac{1}{6} = \boxed{3\frac{4}{6}}$$

$$4\frac{8}{9} - \frac{4}{9} = \boxed{4\frac{4}{9}}$$

$$5\frac{5}{7} - \frac{4}{7} = \boxed{5\frac{1}{7}}$$

$$3\frac{6}{8} - \frac{3}{8} = \boxed{3\frac{3}{8}}$$

$$6\frac{4}{6} - \frac{1}{6} = \boxed{6\frac{3}{6}}$$

$$4\frac{4}{7} - \frac{2}{7} = \boxed{4\frac{2}{7}}$$

$$5\frac{9}{11} - \frac{7}{11} = \boxed{5\frac{2}{11}}$$

$$6\frac{8}{14} - \frac{5}{14} = \boxed{6\frac{3}{14}}$$

$$4\frac{11}{13} - \frac{6}{13} = \boxed{4\frac{5}{13}}$$

$$2\frac{9}{16} - \frac{7}{16} = \boxed{2\frac{2}{16}}$$

$$4\frac{17}{20} - \frac{8}{20} = \boxed{4\frac{9}{20}}$$

$$7\frac{13}{17} - \frac{9}{17} = \boxed{7\frac{4}{17}}$$

$$8\frac{24}{25} - \frac{16}{25} = \boxed{8\frac{8}{25}}$$

🌱 다음과 같이 뺄셈을 하세요.

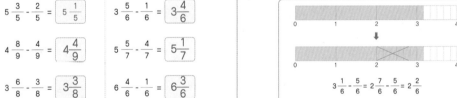

$$3\frac{1}{6} - \frac{5}{6} = 2\frac{7}{6} - \frac{5}{6} = 2\frac{2}{6}$$

$$4\frac{2}{5} - \frac{3}{5} = 3\boxed{\frac{7}{5}} - \frac{3}{5} = 3 + \boxed{\frac{4}{5}} = 3\boxed{\frac{4}{5}}$$

7−3=4
3−0=3

$$2\frac{1}{4} - \frac{2}{4} = 1\boxed{\frac{5}{4}} - \frac{2}{4} = 1 + \boxed{\frac{3}{4}} = 1\boxed{\frac{3}{4}}$$

> **TIP**
> 위와 같이 대분수와 진분수의 뺄셈에서 분수 부분끼리 뺄 수 없는 경우가 있습니다. 이때는
> 대분수의 자연수 부분에서 1을 받아내림하여 가분수로 바꾼 후에 빼야 합니다.

P 40 ~ 41

🌱 분수의 뺄셈을 하세요.

$2\dfrac{2}{4} - \dfrac{3}{4} = \boxed{1\dfrac{3}{4}}$　　$3\dfrac{1}{5} - \dfrac{4}{5} = \boxed{2\dfrac{2}{5}}$

$4\dfrac{3}{5} - \dfrac{4}{5} = \boxed{3\dfrac{4}{5}}$　　$2\dfrac{1}{3} - \dfrac{2}{3} = \boxed{1\dfrac{2}{3}}$

$5\dfrac{1}{6} - \dfrac{4}{6} = \boxed{4\dfrac{3}{6}}$　　$4\dfrac{2}{7} - \dfrac{4}{7} = \boxed{3\dfrac{5}{7}}$

$3\dfrac{3}{8} - \dfrac{6}{8} = \boxed{2\dfrac{5}{8}}$　　$4\dfrac{3}{6} - \dfrac{5}{6} = \boxed{3\dfrac{4}{6}}$

$6\dfrac{2}{9} - \dfrac{6}{9} = \boxed{5\dfrac{5}{9}}$　　$7\dfrac{1}{7} - \dfrac{5}{7} = \boxed{6\dfrac{3}{7}}$

$4\dfrac{6}{10} - \dfrac{7}{10} = \boxed{3\dfrac{9}{10}}$　　$5\dfrac{3}{8} - \dfrac{4}{8} = \boxed{4\dfrac{7}{8}}$

$3\dfrac{1}{10} - \dfrac{8}{10} = \boxed{2\dfrac{3}{10}}$　　$3\dfrac{2}{11} - \dfrac{10}{11} = \boxed{2\dfrac{3}{11}}$

40 소마셈 – D2

🌱 분수의 뺄셈을 하세요.

$4\dfrac{2}{4} - \dfrac{3}{4} = \boxed{3\dfrac{3}{4}}$　　$4\dfrac{1}{3} - \dfrac{2}{3} = \boxed{3\dfrac{2}{3}}$

$3\dfrac{3}{5} - \dfrac{4}{5} = \boxed{2\dfrac{4}{5}}$　　$5\dfrac{3}{6} - \dfrac{5}{6} = \boxed{4\dfrac{4}{6}}$

$5\dfrac{2}{7} - \dfrac{6}{7} = \boxed{4\dfrac{3}{7}}$　　$7\dfrac{1}{4} - \dfrac{3}{4} = \boxed{6\dfrac{2}{4}}$

$7\dfrac{1}{6} - \dfrac{5}{6} = \boxed{6\dfrac{2}{6}}$　　$5\dfrac{3}{7} - \dfrac{4}{7} = \boxed{4\dfrac{6}{7}}$

$4\dfrac{1}{8} - \dfrac{3}{8} = \boxed{3\dfrac{6}{8}}$　　$4\dfrac{1}{6} - \dfrac{5}{6} = \boxed{3\dfrac{2}{6}}$

$5\dfrac{3}{9} - \dfrac{4}{9} = \boxed{4\dfrac{8}{9}}$　　$3\dfrac{1}{10} - \dfrac{4}{10} = \boxed{2\dfrac{7}{10}}$

$2\dfrac{1}{12} - \dfrac{8}{12} = \boxed{1\dfrac{5}{12}}$　　$2\dfrac{8}{13} - \dfrac{9}{13} = \boxed{1\dfrac{12}{13}}$

2주 – 대분수와 진분수의 덧셈과 뺄셈 41

---

5 일차 문장제

P 42 ~ 43

🌱 다음을 읽고 알맞은 식을 쓰고, 답을 구하세요.

물병에 물이 $1\dfrac{3}{5}$ L 들어 있습니다. 여기에 물 $\dfrac{3}{5}$ L를 더 부었다면 물병의 물은 모두 몇 L일까요?

식 : $1\dfrac{3}{5} + \dfrac{3}{5} = 2\dfrac{1}{5}$　　　$\boxed{2\dfrac{1}{5}}$ L

동규는 어제 컴퓨터를 $\dfrac{5}{7}$시간 사용했고, 오늘 $2\dfrac{4}{7}$시간 사용했습니다. 동규가 어제와 오늘 컴퓨터를 사용한 시간은 모두 몇 시간일까요?

식 : $\dfrac{5}{7} + 2\dfrac{4}{7} = 3\dfrac{2}{7}$　　　$\boxed{3\dfrac{2}{7}}$ 시간

42 소마셈 – D2

🌱 다음을 읽고 알맞은 식을 쓰고, 답을 구하세요.

어머니께서 도너츠 $4\dfrac{7}{9}$개를 사오셨습니다. 호인이가 $\dfrac{5}{9}$개를 먹고, 남은 것은 모두 언니에게 주려고 합니다. 언니가 먹을 수 있는 도너츠는 몇 개일까요?

식 : $4\dfrac{7}{9} - \dfrac{5}{9} = 4\dfrac{2}{9}$　　　$\boxed{4\dfrac{2}{9}}$ 개

형과 동생이 밤을 주었습니다. 형이 주운 밤은 동생이 주운 밤보다 $\dfrac{7}{8}$ kg 더 무겁습니다. 형이 주운 밤이 $5\dfrac{5}{8}$ kg이라면 동생이 주운 밤은 몇 kg일까요?

식 : $5\dfrac{5}{8} - \dfrac{7}{8} = 4\dfrac{6}{8}$　　　$\boxed{4\dfrac{6}{8}}$ kg

2주 – 대분수와 진분수의 덧셈과 뺄셈 43

신나는 연산!

다음을 읽고 알맞은 식을 쓰고, 답을 구하세요.

아버지께서 약수터에서 $\frac{5}{13}$L의 물을 길어 오셨습니다. 할아버지께서 $1\frac{6}{13}$L의 물을 더 길어왔다면 두 사람이 길어 온 물은 모두 몇 L일까요?

식 : $\frac{5}{13} + 1\frac{6}{13} = 1\frac{11}{13}$

$1\frac{11}{13}$ L

서아가 종이접기를 합니다. 비행기를 접는데 $3\frac{7}{9}$장을 사용하였고, 배를 접는데 $\frac{4}{9}$장을 사용하였습니다. 서아가 종이접기를 하는데 사용한 색종이는 모두 몇 장일까요?

식 : $3\frac{7}{9} + \frac{4}{9} = 4\frac{2}{9}$

$4\frac{2}{9}$ 장

상화는 $2\frac{1}{6}$시간 동안 책을 읽었습니다. 책을 읽은 시간이 공부한 시간보다 $\frac{5}{6}$시간 더 많았다면 상화는 몇 시간 동안 공부를 했을까요?

식 : $2\frac{1}{6} - \frac{5}{6} = 1\frac{2}{6}$

$1\frac{2}{6}$ 시간

다음을 읽고 알맞은 식을 쓰고, 답을 구하세요.

어떤 자동차는 오토바이보다 한 시간에 $\frac{8}{22}$km를 더 달립니다. 오토바이가 한 시간에 $2\frac{15}{22}$km를 달린다면 자동차는 한 시간에 몇 km를 달릴까요?

식 : $\frac{8}{22} + 2\frac{15}{22} = 3\frac{1}{22}$

$3\frac{1}{22}$ Km

정모는 오늘 $2\frac{5}{7}$L의 우유를 마셨습니다. 오늘 마신 양이 어제 마신 양보다 $\frac{6}{7}$L 더 많다면 정모가 어제 마신 우유는 몇 L일까요?

식 : $2\frac{5}{7} - \frac{6}{7} = 1\frac{6}{7}$

$1\frac{6}{7}$ L

연아는 선물을 포장하는데 가지고 있던 리본 중 $\frac{14}{15}$m를 사용하였습니다. 연아가 처음에 가지고 있던 리본이 $1\frac{7}{15}$m라면 남은 리본은 몇 m일까요?

식 : $1\frac{7}{15} - \frac{14}{15} = \frac{8}{15}$

$\frac{8}{15}$ m

1 일차

세 분수의 덧셈

다음과 같이 덧셈을 하세요. 계산 결과가 가분수이면 대분수 또는 자연수로 바꾸어 나타내세요.

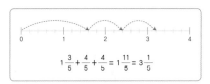

$1\frac{3}{5} + \frac{4}{5} + \frac{4}{5} = 1\frac{11}{5} = 3\frac{1}{5}$

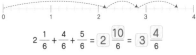

$2\frac{1}{6} + \frac{4}{6} + \frac{5}{6} = 2\frac{10}{6} = 3\frac{4}{6}$

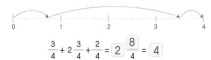

$\frac{3}{4} + 2\frac{3}{4} + \frac{2}{4} = 2\frac{8}{4} = 4$

TIP
세 분수의 덧셈도 두 분수의 덧셈 방법과 같이 자연수는 자연수끼리, 분수는 분수끼리 더합니다.

분수의 덧셈을 하세요. 계산 결과가 가분수이면 대분수 또는 자연수로 바꾸어 나타내세요.

$2\frac{1}{7} + \frac{4}{7} + \frac{5}{7} = 3\frac{3}{7}$

$\frac{7}{8} + 3\frac{1}{8} + \frac{3}{8} = 4\frac{3}{8}$

$\frac{7}{13} + \frac{10}{13} + \frac{8}{13} = 1\frac{12}{13}$

$3\frac{7}{11} + \frac{2}{11} + \frac{3}{11} = 4\frac{1}{11}$

$2\frac{3}{5} + 1\frac{4}{5} + \frac{3}{5} = 5$

$1\frac{5}{7} + \frac{4}{7} + 3\frac{3}{7} = 5\frac{5}{7}$

$\frac{2}{9} + 5\frac{7}{9} + 2\frac{4}{9} = 8\frac{4}{9}$

분수의 덧셈을 하세요. 계산 결과가 가분수이면 대분수 또는 자연수로 바꾸어 나타내세요.

$\dfrac{8}{15} + \dfrac{7}{15} + \dfrac{6}{15} = \boxed{1\dfrac{6}{15}}$

$5\dfrac{2}{7} + \dfrac{5}{7} + \dfrac{6}{7} = \boxed{6\dfrac{6}{7}}$

$\dfrac{5}{12} + 2\dfrac{11}{12} + \dfrac{8}{12} = \boxed{4}$

$4\dfrac{7}{9} + 3\dfrac{4}{9} + \dfrac{7}{9} = \boxed{9}$

$2\dfrac{3}{6} + \dfrac{4}{6} + 2\dfrac{5}{6} = \boxed{6}$

$\dfrac{7}{8} + 7\dfrac{5}{8} + 1\dfrac{3}{8} = \boxed{9\dfrac{7}{8}}$

$1\dfrac{3}{10} + 4\dfrac{7}{10} + 2\dfrac{9}{10} = \boxed{8\dfrac{9}{10}}$

3주 2일차

세 분수의 뺄셈

다음과 같이 뺄셈을 하세요.

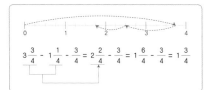

$$3\dfrac{3}{4} - 1\dfrac{1}{4} - \dfrac{3}{4} = 2\dfrac{2}{4} - \dfrac{3}{4} = 1\dfrac{6}{4} - \dfrac{3}{4} = 1\dfrac{3}{4}$$

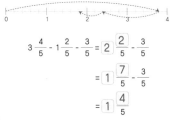

$$3\dfrac{4}{5} - 1\dfrac{2}{5} - \dfrac{3}{5} = \boxed{2}\dfrac{2}{5} - \dfrac{3}{5}$$
$$= 1\dfrac{\boxed{7}}{5} - \dfrac{3}{5}$$
$$= 1\dfrac{\boxed{4}}{5}$$

TIP
앞에서부터 차례로 두 분수씩 계산합니다. 계산 중 분수끼리 뺄 수 없는 경우에는 분수의 자연수 부분에서 1을 받아내림하여 가분수로 바꾼 후에 빼야 합니다.

50 소마셈 – D2

3주 – 세 분수의 덧셈과 뺄셈 51

다음과 같이 뺄셈을 하세요.

$$3\dfrac{2}{5} - 2\dfrac{3}{5} - \dfrac{2}{5} = \left(2\dfrac{7}{5} - 2\dfrac{3}{5}\right) - \dfrac{2}{5} = \dfrac{4}{5} - \dfrac{2}{5} = \dfrac{2}{5}$$

$$3\dfrac{1}{4} - 1\dfrac{3}{4} - \dfrac{2}{4} = \left(2\dfrac{\boxed{5}}{4} - 1\dfrac{3}{4}\right) - \dfrac{2}{4}$$
$$= 1\dfrac{\boxed{2}}{4} - \dfrac{2}{4}$$
$$= \boxed{1}$$

3주 3일

분수의 뺄셈을 하세요.

$\dfrac{8}{9} - \dfrac{2}{9} - \dfrac{5}{9} = \boxed{\dfrac{1}{9}}$

$4\dfrac{2}{7} - \dfrac{5}{7} - \dfrac{3}{7} = \boxed{3\dfrac{1}{7}}$

$6\dfrac{9}{13} - \dfrac{2}{13} - \dfrac{5}{13} = \boxed{6\dfrac{2}{13}}$

$4\dfrac{7}{9} - \dfrac{1}{9} - \dfrac{8}{9} = \boxed{3\dfrac{7}{9}}$

$5\dfrac{7}{8} - 2\dfrac{4}{8} - \dfrac{6}{8} = \boxed{2\dfrac{5}{8}}$

$8\dfrac{3}{11} - 1\dfrac{6}{11} - \dfrac{9}{11} = \boxed{5\dfrac{10}{11}}$

$7\dfrac{7}{9} - 1\dfrac{2}{9} - \dfrac{3}{9} = \boxed{6\dfrac{2}{9}}$

52 소마셈 – D2

3주 – 세 분수의 덧셈과 뺄셈 53

정답 **107**

3주

🌱 분수의 뺄셈을 하세요.

$3\frac{1}{6} - \frac{5}{6} - \frac{1}{6} = \boxed{2\frac{1}{6}}$

$7\frac{5}{7} - \frac{2}{7} - \frac{4}{7} = \boxed{6\frac{6}{7}}$

$5\frac{9}{10} - \frac{3}{10} - \frac{7}{10} = \boxed{4\frac{9}{10}}$

$4\frac{5}{12} - 3\frac{7}{12} - \frac{9}{12} = \boxed{\frac{1}{12}}$

$4\frac{5}{9} - 1\frac{3}{9} - \frac{5}{9} = \boxed{2\frac{6}{9}}$

$6\frac{7}{8} - 4\frac{3}{8} - \frac{5}{8} = \boxed{1\frac{7}{8}}$

$5\frac{1}{6} - 1\frac{5}{6} - 1\frac{1}{6} = \boxed{2\frac{1}{6}}$

54 소마셈 – D2

3일차 세 분수의 덧셈과 뺄셈

🌱 다음과 같이 세 분수의 덧셈과 뺄셈을 하세요.

$4\frac{6}{7} - 1\frac{3}{7} + \frac{2}{7}$	$4\frac{6}{7} - 1\frac{3}{7} + \frac{2}{7}$
$= (4\frac{6}{7} - 1\frac{3}{7}) + \frac{2}{7}$	$= 4\frac{6}{7} - (1\frac{3}{7} + \frac{2}{7})$
$= 3\frac{3}{7} + \frac{2}{7}$	$= 4\frac{6}{7} - 1\frac{5}{7}$
$= 3\frac{5}{7}$	$= 3\frac{1}{7}$
(◯)	(×)

$1\frac{4}{7} - \frac{2}{7} + 1\frac{2}{7} = \boxed{1}\frac{\boxed{2}}{7} + 1\frac{2}{7} = \boxed{2}\frac{\boxed{4}}{7}$

$3\frac{2}{9} - 1\frac{4}{9} + \frac{1}{9} = (\boxed{2}\frac{\boxed{11}}{9} - 1\frac{4}{9}) + \frac{1}{9}$

$= \boxed{1}\frac{\boxed{7}}{9} + \frac{1}{9}$

$= \boxed{1}\frac{\boxed{8}}{9}$

세 분수의 덧셈과 뺄셈은 앞에서부터 차례로 두 분수씩 계산합니다. 순서를 바꾸어 계산하면
계산 결과가 달라지거나 계산이 되지 않는 경우가 생기므로 순서에 주의하여 계산합니다.

3주 – 세 분수의 덧셈과 뺄셈 55

신나는 연산!

🌱 다음을 계산하세요. 계산 결과가 가분수이면 대분수 또는 자연수로 바꾸어 나타내세요.

$4\frac{4}{5} - \frac{1}{5} + 1\frac{2}{5} = \boxed{6}$

$1\frac{4}{7} + \frac{4}{7} - 1\frac{2}{7} = \boxed{\frac{6}{7}}$

$2\frac{5}{9} + 2\frac{2}{9} - \frac{8}{9} = \boxed{3\frac{8}{9}}$

$5\frac{3}{8} - 1\frac{5}{8} + \frac{1}{8} = \boxed{3\frac{7}{8}}$

$4\frac{3}{10} - \frac{9}{10} + \frac{7}{10} = \boxed{4\frac{1}{10}}$

$2\frac{9}{13} + \frac{4}{13} - 1\frac{2}{13} = \boxed{1\frac{11}{13}}$

$4\frac{3}{7} - 3\frac{5}{7} + \frac{6}{7} = \boxed{1\frac{4}{7}}$

56 소마셈 – D2

3주

🌱 다음을 계산하세요. 계산 결과가 가분수이면 대분수 또는 자연수로 바꾸어 나타내세요.

$3\frac{5}{11} + \frac{5}{11} - 1\frac{7}{11} = \boxed{2\frac{3}{11}}$

$1\frac{7}{8} + 5\frac{4}{8} - \frac{8}{8} = \boxed{6\frac{3}{8}}$

$6\frac{3}{7} - 3\frac{4}{7} + \frac{5}{7} = \boxed{3\frac{4}{7}}$

$5\frac{5}{6} - \frac{1}{6} + 2\frac{3}{6} = \boxed{8\frac{1}{6}}$

$3\frac{2}{8} + \frac{1}{8} - 1\frac{6}{8} = \boxed{1\frac{5}{8}}$

$4\frac{3}{10} - \frac{9}{10} + \frac{6}{10} = \boxed{4}$

$6\frac{1}{15} - 1\frac{4}{15} + \frac{2}{15} = \boxed{4\frac{14}{15}}$

3주 – 세 분수의 덧셈과 뺄셈 57

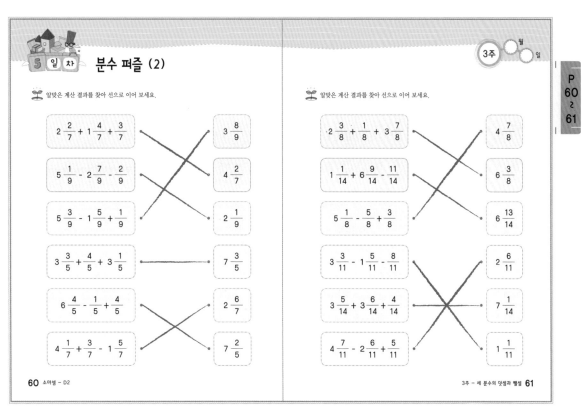

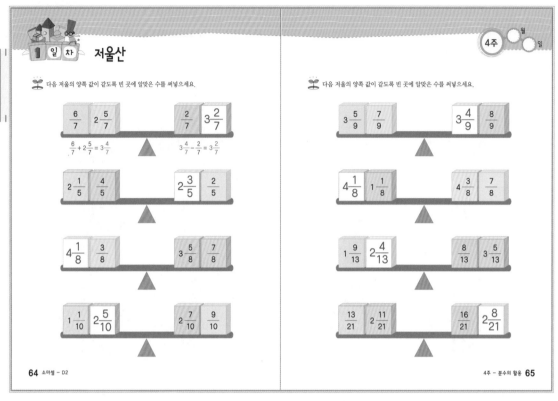

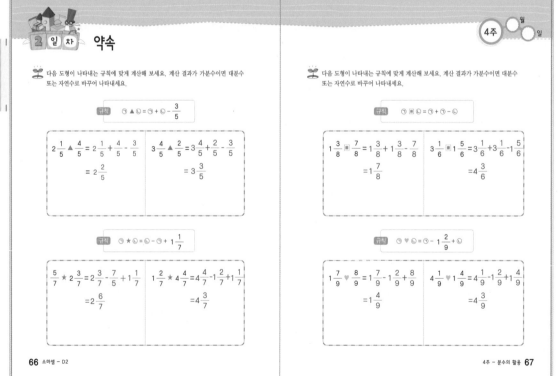

다음 도형이 나타내는 규칙에 맞게 계산해 보세요. 계산 결과가 가분수이면 대분수 또는 자연수로 바꾸어 나타내세요.

규칙 ㉠ ◆ ㉡ = 5$\frac{2}{7}$ - ㉠ + ㉡

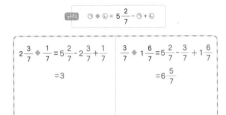

$2\frac{3}{7}$ ◆ $\frac{1}{7}$ = $5\frac{2}{7}$ - $2\frac{3}{7}$ + $\frac{1}{7}$
           = 3

$3\frac{3}{7}$ ◆ $1\frac{6}{7}$ = $5\frac{2}{7}$ - $3\frac{3}{7}$ + $1\frac{6}{7}$
           = $6\frac{5}{7}$

규칙 ㉠ ▼ ㉡ = ㉠ - $\frac{4}{5}$ + ㉡

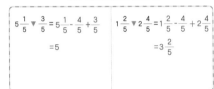

$5\frac{1}{5}$ ▼ $\frac{3}{5}$ = $5\frac{1}{5}$ - $\frac{4}{5}$ + $\frac{3}{5}$
           = 5

$1\frac{2}{5}$ ▼ $2\frac{4}{5}$ = $1\frac{2}{5}$ - $\frac{4}{5}$ + $2\frac{4}{5}$
           = $3\frac{2}{5}$

수직선

□ 안에 알맞은 수를 써넣으세요.

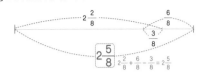

$2\frac{5}{8}$ $2\frac{2}{8} + \frac{6}{8} - \frac{3}{8} = 2\frac{5}{8}$

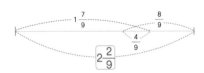

$2\frac{2}{9}$

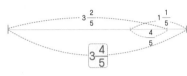

$3\frac{4}{5}$

□ 안에 알맞은 수를 써넣으세요.

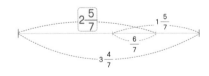

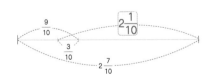

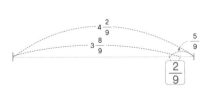

이어 붙인 색 테이프의 길이

색 테이프를 겹쳐서 이어 붙였습니다. 이어 붙인 색 테이프의 전체 길이를 구해보세요.

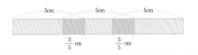

① 색 테이프 3장의 길이의 합 : 5 + 5 + 5 = 15 (cm)

② 겹쳐진 부분의 길이의 합 : $\frac{3}{5} + \frac{3}{5} = 1\frac{1}{5}$ (cm)

③ 이어 붙인 색 테이프 전체의 길이 : $15 - 1\frac{1}{5} = 13\frac{4}{5}$ (cm)

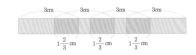

① 색 테이프 4장의 길이의 합 : 3 + 3 + 3 + 3 = 12 (cm)

② 겹쳐진 부분의 길이의 합 : $1\frac{2}{3} + 1\frac{2}{3} + 1\frac{2}{3} = 5$ (cm)

③ 이어 붙인 색 테이프 전체의 길이 : 12 - 5 = 7 (cm)

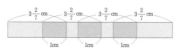

4주

색 테이프를 겹쳐서 이어 붙였습니다. 이어 붙인 색 테이프의 전체 길이를 구해보세요.

$3\frac{2}{7}$ cm $3\frac{2}{7}$ cm $3\frac{2}{7}$ cm $3\frac{2}{7}$ cm

1cm   1cm   1cm

① 색 테이프 4장의 길이의 합 : $3\frac{2}{7}+3\frac{2}{7}+3\frac{2}{7}+3\frac{2}{7}=13\frac{1}{7}$ (cm)

② 겹쳐진 부분의 길이의 합 : $1+1+1=3$ (cm)

③ 이어 붙인 색 테이프 전체의 길이 : $13\frac{1}{7}-3=10\frac{1}{7}$ (cm)

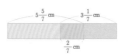

$5\frac{5}{7}$ cm $3\frac{1}{7}$ cm

$\frac{2}{7}$ cm

① 색 테이프 2장의 길이의 합 : $5\frac{5}{7}+3\frac{1}{7}=8\frac{6}{7}$ (cm)

② 겹쳐진 부분의 길이의 합 : $\frac{2}{7}$ (cm)

③ 이어 붙인 색 테이프 전체의 길이 : $8\frac{6}{7}-\frac{2}{7}=8\frac{4}{7}$ (cm)

72 소마셈 - D2

4주

색 테이프를 겹쳐서 이어 붙였습니다. 이어 붙인 색 테이프의 전체 길이를 구해보세요.

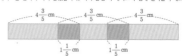

$4\frac{3}{5}$ cm $4\frac{3}{5}$ cm $4\frac{3}{5}$ cm

$1\frac{1}{5}$ cm $1\frac{1}{5}$ cm

① 색 테이프 3장의 길이의 합 : $4\frac{3}{5}+4\frac{3}{5}+4\frac{3}{5}=13\frac{4}{5}$ (cm)

② 겹쳐진 부분의 길이의 합 : $1\frac{1}{5}+1\frac{1}{5}=2\frac{2}{5}$ (cm)

③ 이어 붙인 색 테이프 전체의 길이 : $13\frac{4}{5}-2\frac{2}{5}=11\frac{2}{5}$ (cm)

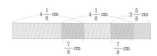

$4\frac{1}{8}$ cm $4\frac{1}{8}$ cm $2\frac{5}{8}$ cm

$\frac{7}{8}$ cm $\frac{7}{8}$ cm

① 색 테이프 3장의 길이의 합 : $4\frac{1}{8}+4\frac{1}{8}+2\frac{5}{8}=10\frac{7}{8}$ (cm)

② 겹쳐진 부분의 길이의 합 : $\frac{7}{8}+\frac{7}{8}=1\frac{6}{8}$ (cm)

③ 이어 붙인 색 테이프 전체의 길이 : $10\frac{7}{8}-1\frac{6}{8}=9\frac{1}{8}$ (cm)

4주 - 분수의 활용 73

□가 있는 식 만들기

4주

다음을 읽고 □를 사용하여 식을 만들고, 바르게 계산한 값을 구하세요. 이때, 계산 결과가 가분수이면 대분수 또는 자연수로 바꾸어 나타내세요.

어떤 수에서 $\frac{3}{8}$을 빼야 할 것을 잘못하여 더했더니 $2\frac{1}{8}$이 되었습니다. 바르게 계산한 값은 얼마일까요?

잘못된 계산 : $\square+\frac{3}{8}=2\frac{1}{8}$, $\square=2\frac{1}{8}-\frac{3}{8}=1\frac{6}{8}$

바른 계산 : $1\frac{6}{8}-\frac{3}{8}=1\frac{3}{8}$

$\boxed{1\frac{3}{8}}$

어떤 수에서 $\frac{5}{7}$를 빼야 할 것을 잘못하여 더했더니 $3\frac{4}{7}$가 되었습니다. 바르게 계산한 값은 얼마일까요?

잘못된 계산 : $\square+\frac{5}{7}=3\frac{4}{7}$, $\square=3\frac{4}{7}-\frac{5}{7}=2\frac{6}{7}$

바른 계산 : $2\frac{6}{7}-\frac{5}{7}=2\frac{1}{7}$

$\boxed{2\frac{1}{7}}$

TIP
어떤 수를 □로 놓고 식을 만듭니다. 잘못된 계산을 이용하여 □를 먼저 구한 후, 바르게 계산한 값을 구합니다.

74 소마셈 - D2

4주

다음을 읽고 □를 사용하여 식을 만들고, 바르게 계산한 값을 구하세요. 이때, 계산 결과가 가분수이면 대분수 또는 자연수로 바꾸어 나타내세요.

어떤 수에 $\frac{3}{7}$을 더해야 할 것을 잘못하여 뺐더니 $4\frac{2}{7}$가 되었습니다. 바르게 계산한 값은 얼마일까요?

잘못된 계산 : $\square-\frac{3}{7}=4\frac{2}{7}$, $\square=4\frac{2}{7}+\frac{3}{7}=4\frac{5}{7}$

바른 계산 : $4\frac{5}{7}+\frac{3}{7}=5\frac{1}{7}$

$\boxed{5\frac{1}{7}}$

어떤 수에서 $2\frac{2}{9}$를 더해야 할 것을 잘못하여 뺐더니 $\frac{8}{9}$이 되었습니다. 바르게 계산한 값은 얼마일까요?

잘못된 계산 : $\square-2\frac{2}{9}=\frac{8}{9}$, $\square=\frac{8}{9}+2\frac{2}{9}=3\frac{1}{9}$

바른 계산 : $3\frac{1}{9}+2\frac{2}{9}=5\frac{3}{9}$

$\boxed{5\frac{3}{9}}$

4주 - 분수의 활용 75

 신나는 연산!

다음을 읽고 □를 사용하여 식을 만들고, 바르게 계산한 값을 구하세요. 이때, 계산 결과가 가분수이면 대분수 또는 자연수로 바꾸어 나타내세요.

어떤 수에서 $\frac{7}{8}$을 더해야 할 것을 잘못하여 뺐더니 $3\frac{1}{8}$이 되었습니다. 바르게 계산한 값은 얼마일까요?

잘못된 계산 : $\square - \frac{7}{8} = 3\frac{1}{8}$, $\square = 3\frac{1}{8} + \frac{7}{8} = 4$

바른 계산 : $4 + \frac{7}{8} = 4\frac{7}{8}$

$4\frac{7}{8}$

어떤 수에서 $1\frac{4}{9}$를 빼야 할 것을 잘못하여 더했더니 $3\frac{7}{9}$이 되었습니다. 바르게 계산한 값은 얼마일까요?

잘못된 계산 : $\square + 1\frac{4}{9} = 3\frac{7}{9}$, $\square = 3\frac{7}{9} - 1\frac{4}{9} = 2\frac{3}{9}$

바른 계산 : $2\frac{3}{9} - 1\frac{4}{9} = \frac{8}{9}$

$\frac{8}{9}$

4주

다음을 읽고 □를 사용하여 식을 만들고, 바르게 계산한 값을 구하세요. 이때, 계산 결과가 가분수이면 대분수 또는 자연수로 바꾸어 나타내세요.

어떤 수에서 $1\frac{2}{3}$를 빼야 할 것을 잘못하여 더했더니 $4\frac{1}{3}$이 되었습니다. 바르게 계산한 값은 얼마일까요?

잘못된 계산 : $\square + 1\frac{2}{3} = 4\frac{1}{3}$, $\square = 4\frac{1}{3} - 1\frac{2}{3} = 2\frac{2}{3}$

바른 계산 : $2\frac{2}{3} - 1\frac{2}{3} = 1$

1

어떤 수에서 $3\frac{2}{5}$를 더해야 할 것을 잘못하여 뺐더니 $\frac{4}{5}$가 되었습니다. 바르게 계산한 값은 얼마일까요?

잘못된 계산 : $\square - 3\frac{2}{5} = \frac{4}{5}$, $\square = \frac{4}{5} + 3\frac{2}{5} = 4\frac{1}{5}$

바른 계산 : $4\frac{1}{5} + 3\frac{2}{5} = 7\frac{3}{5}$

$7\frac{3}{5}$

 1주차 drill

자연수와 분수의 뺄셈

분수의 뺄셈을 하세요.

$3 - \frac{4}{7} = 2\frac{3}{7}$ $2 - \frac{5}{6} = 1\frac{1}{6}$

$2 - \frac{3}{8} = 1\frac{5}{8}$ $4 - \frac{5}{9} = 3\frac{4}{9}$

$1 - \frac{7}{12} = \frac{5}{12}$ $2 - \frac{4}{11} = 1\frac{7}{11}$

$5 - \frac{4}{9} = 4\frac{5}{9}$ $6 - \frac{2}{7} = 5\frac{5}{7}$

$4 - \frac{5}{8} = 3\frac{3}{8}$ $3 - \frac{7}{13} = 2\frac{6}{13}$

$3 - \frac{3}{11} = 2\frac{8}{11}$ $5 - \frac{4}{15} = 4\frac{11}{15}$

$5 - \frac{8}{13} = 4\frac{5}{13}$ $2 - \frac{10}{17} = 1\frac{7}{17}$

분수의 뺄셈을 하세요.

$2 - \frac{7}{12} = 1\frac{5}{12}$ $3 - \frac{3}{7} = 2\frac{4}{7}$

$4 - \frac{3}{8} = 3\frac{5}{8}$ $6 - \frac{2}{3} = 5\frac{1}{3}$

$5 - \frac{6}{7} = 4\frac{1}{7}$ $4 - \frac{3}{8} = 3\frac{5}{8}$

$6 - \frac{5}{12} = 5\frac{7}{12}$ $4 - \frac{3}{10} = 3\frac{7}{10}$

$2 - \frac{7}{9} = 1\frac{2}{9}$ $7 - \frac{3}{5} = 6\frac{2}{5}$

$8 - \frac{3}{10} = 7\frac{7}{10}$ $5 - \frac{1}{13} = 4\frac{12}{13}$

$9 - \frac{3}{8} = 8\frac{5}{8}$ $8 - \frac{2}{15} = 7\frac{13}{15}$

P 82 ~ 83

1주차

분수의 뺄셈을 하세요.

$4 - 2\frac{1}{4} = \boxed{1\frac{3}{4}}$ $2 - 1\frac{5}{7} = \boxed{\frac{2}{7}}$

$3 - 2\frac{1}{3} = \boxed{\frac{2}{3}}$ $4 - 1\frac{3}{5} = \boxed{2\frac{2}{5}}$

$5 - 2\frac{6}{7} = \boxed{2\frac{1}{7}}$ $4 - 3\frac{1}{8} = \boxed{\frac{7}{8}}$

$6 - 3\frac{5}{6} = \boxed{2\frac{1}{6}}$ $5 - 2\frac{3}{7} = \boxed{2\frac{4}{7}}$

$3 - 1\frac{7}{9} = \boxed{1\frac{2}{9}}$ $4 - 1\frac{5}{6} = \boxed{2\frac{1}{6}}$

$6 - 4\frac{2}{9} = \boxed{1\frac{7}{9}}$ $5 - 1\frac{5}{7} = \boxed{3\frac{2}{7}}$

$6 - 3\frac{1}{6} = \boxed{2\frac{5}{6}}$ $7 - 5\frac{3}{8} = \boxed{1\frac{5}{8}}$

분수의 뺄셈을 하세요.

$5 - 2\frac{2}{5} = \boxed{2\frac{3}{5}}$ $3 - 1\frac{3}{8} = \boxed{1\frac{5}{8}}$

$4 - 1\frac{7}{8} = \boxed{2\frac{1}{8}}$ $2 - 1\frac{6}{7} = \boxed{\frac{1}{7}}$

$3 - 2\frac{1}{6} = \boxed{\frac{5}{6}}$ $5 - 3\frac{4}{5} = \boxed{1\frac{1}{5}}$

$4 - 3\frac{5}{7} = \boxed{\frac{2}{7}}$ $4 - 2\frac{2}{9} = \boxed{1\frac{7}{9}}$

$3 - 1\frac{5}{7} = \boxed{1\frac{2}{7}}$ $5 - 1\frac{7}{8} = \boxed{3\frac{1}{8}}$

$6 - 2\frac{7}{11} = \boxed{3\frac{4}{11}}$ $7 - 1\frac{3}{10} = \boxed{5\frac{7}{10}}$

$7 - 4\frac{9}{11} = \boxed{2\frac{2}{11}}$ $8 - 6\frac{9}{14} = \boxed{1\frac{5}{14}}$

P 84 ~ 85

2주차 | 대분수와 진분수의 덧셈과 뺄셈 |

분수의 덧셈을 하세요.

$2\frac{5}{6} + \frac{1}{6} = \boxed{3}$ $\frac{1}{7} + 1\frac{5}{7} = \boxed{1\frac{6}{7}}$

$2\frac{3}{5} + \frac{4}{5} = \boxed{3\frac{2}{5}}$ $\frac{7}{9} + 3\frac{4}{9} = \boxed{4\frac{2}{9}}$

$4\frac{1}{6} + \frac{5}{6} = \boxed{5}$ $\frac{1}{8} + 5\frac{4}{8} = \boxed{5\frac{5}{8}}$

$3\frac{6}{7} + \frac{6}{7} = \boxed{4\frac{5}{7}}$ $\frac{5}{8} + 1\frac{7}{8} = \boxed{2\frac{4}{8}}$

$2\frac{7}{12} + \frac{7}{12} = \boxed{3\frac{2}{12}}$ $\frac{4}{15} + 4\frac{7}{15} = \boxed{4\frac{11}{15}}$

$2\frac{5}{14} + \frac{8}{14} = \boxed{2\frac{13}{14}}$ $\frac{6}{17} + 3\frac{10}{17} = \boxed{3\frac{16}{17}}$

$1\frac{11}{16} + \frac{15}{16} = \boxed{2\frac{10}{16}}$ $\frac{6}{13} + 4\frac{8}{13} = \boxed{5\frac{1}{13}}$

분수의 덧셈을 하세요.

$4\frac{3}{7} + \frac{2}{7} = \boxed{4\frac{5}{7}}$ $\frac{3}{5} + 1\frac{4}{5} = \boxed{2\frac{2}{5}}$

$2\frac{5}{6} + \frac{4}{6} = \boxed{3\frac{3}{6}}$ $\frac{4}{7} + 3\frac{6}{7} = \boxed{4\frac{3}{7}}$

$3\frac{4}{8} + \frac{7}{8} = \boxed{4\frac{3}{8}}$ $\frac{3}{9} + 5\frac{8}{9} = \boxed{6\frac{2}{9}}$

$2\frac{6}{11} + \frac{5}{11} = \boxed{3}$ $\frac{7}{10} + 4\frac{8}{10} = \boxed{5\frac{5}{10}}$

$1\frac{9}{14} + \frac{4}{14} = \boxed{1\frac{13}{14}}$ $\frac{11}{13} + 1\frac{5}{13} = \boxed{2\frac{3}{13}}$

$2\frac{4}{15} + \frac{7}{15} = \boxed{2\frac{11}{15}}$ $\frac{8}{18} + 1\frac{8}{18} = \boxed{1\frac{16}{18}}$

$1\frac{10}{17} + \frac{7}{17} = \boxed{2}$ $\frac{9}{20} + 2\frac{8}{20} = \boxed{2\frac{17}{20}}$

2주차

분수의 뺄셈을 하세요.

$4\dfrac{3}{5} - \dfrac{4}{5} = \boxed{3\dfrac{4}{5}}$　　$2\dfrac{3}{9} - \dfrac{1}{9} = \boxed{2\dfrac{2}{9}}$

$5\dfrac{7}{8} - \dfrac{6}{8} = \boxed{5\dfrac{1}{8}}$　　$3\dfrac{4}{7} - \dfrac{5}{7} = \boxed{2\dfrac{6}{7}}$

$3\dfrac{6}{7} - \dfrac{4}{7} = \boxed{3\dfrac{2}{7}}$　　$4\dfrac{1}{5} - \dfrac{4}{5} = \boxed{3\dfrac{2}{5}}$

$6\dfrac{1}{6} - \dfrac{5}{6} = \boxed{5\dfrac{2}{6}}$　　$2\dfrac{4}{9} - \dfrac{6}{9} = \boxed{1\dfrac{7}{9}}$

$5\dfrac{2}{5} - \dfrac{4}{5} = \boxed{4\dfrac{3}{5}}$　　$7\dfrac{2}{6} - \dfrac{5}{6} = \boxed{6\dfrac{3}{6}}$

$3\dfrac{7}{13} - \dfrac{3}{13} = \boxed{3\dfrac{4}{13}}$　　$4\dfrac{8}{12} - \dfrac{9}{12} = \boxed{3\dfrac{11}{12}}$

$2\dfrac{7}{15} - \dfrac{11}{15} = \boxed{1\dfrac{11}{15}}$　　$1\dfrac{5}{17} - \dfrac{9}{17} = \boxed{\dfrac{13}{17}}$

86 소마셈 – D2

분수의 뺄셈을 하세요.

$2\dfrac{1}{4} - \dfrac{3}{4} = \boxed{1\dfrac{2}{4}}$　　$4\dfrac{1}{7} - \dfrac{6}{7} = \boxed{3\dfrac{2}{7}}$

$8\dfrac{5}{6} - \dfrac{3}{6} = \boxed{8\dfrac{2}{6}}$　　$5\dfrac{2}{5} - \dfrac{4}{5} = \boxed{4\dfrac{3}{5}}$

$6\dfrac{3}{5} - \dfrac{4}{5} = \boxed{5\dfrac{4}{5}}$　　$4\dfrac{4}{7} - \dfrac{6}{7} = \boxed{3\dfrac{5}{7}}$

$4\dfrac{2}{9} - \dfrac{4}{9} = \boxed{3\dfrac{7}{9}}$　　$6\dfrac{1}{6} - \dfrac{4}{6} = \boxed{5\dfrac{3}{6}}$

$8\dfrac{2}{7} - \dfrac{6}{7} = \boxed{7\dfrac{3}{7}}$　　$7\dfrac{3}{8} - \dfrac{7}{8} = \boxed{6\dfrac{4}{8}}$

$3\dfrac{8}{10} - \dfrac{9}{10} = \boxed{2\dfrac{9}{10}}$　　$3\dfrac{14}{15} - \dfrac{8}{15} = \boxed{3\dfrac{6}{15}}$

$2\dfrac{5}{13} - \dfrac{10}{13} = \boxed{1\dfrac{8}{13}}$　　$4\dfrac{2}{12} - \dfrac{9}{12} = \boxed{3\dfrac{5}{12}}$

Drill – 보충학습 87

3주차 세 분수의 덧셈과 뺄셈

분수의 덧셈을 하세요. 계산 결과가 가분수이면 대분수 또는 자연수로 바꾸어 나타내세요.

$\dfrac{6}{12} + \dfrac{7}{12} + \dfrac{8}{12} = \boxed{1\dfrac{9}{12}}$

$3\dfrac{5}{7} + \dfrac{4}{7} + \dfrac{6}{7} = \boxed{5\dfrac{1}{7}}$

$\dfrac{1}{6} + 5\dfrac{5}{6} + \dfrac{1}{6} = \boxed{6\dfrac{1}{6}}$

$4\dfrac{5}{9} + \dfrac{7}{9} + \dfrac{4}{9} = \boxed{5\dfrac{7}{9}}$

$2\dfrac{3}{8} + 2\dfrac{7}{8} + \dfrac{5}{8} = \boxed{5\dfrac{7}{8}}$

$\dfrac{7}{11} + 4\dfrac{8}{11} + 3\dfrac{4}{11} = \boxed{8\dfrac{8}{11}}$

$5\dfrac{5}{14} + \dfrac{3}{14} + 1\dfrac{8}{14} = \boxed{7\dfrac{2}{14}}$

88 소마셈 – D2

분수의 뺄셈을 하세요.

$5\dfrac{2}{7} - \dfrac{4}{7} - \dfrac{6}{7} = \boxed{3\dfrac{6}{7}}$

$4\dfrac{1}{8} - 1\dfrac{3}{8} - \dfrac{5}{8} = \boxed{2\dfrac{1}{8}}$

$5\dfrac{7}{9} - 2\dfrac{4}{9} - \dfrac{3}{9} = \boxed{3}$

$7\dfrac{1}{6} - 3\dfrac{5}{6} - \dfrac{5}{6} = \boxed{2\dfrac{3}{6}}$

$\dfrac{14}{15} - \dfrac{5}{15} - \dfrac{8}{15} = \boxed{\dfrac{1}{15}}$

$4\dfrac{7}{12} - \dfrac{5}{12} - \dfrac{11}{12} = \boxed{3\dfrac{3}{12}}$

$6\dfrac{3}{13} - 2\dfrac{6}{13} - \dfrac{4}{13} = \boxed{3\dfrac{6}{13}}$

Drill – 보충학습 89

3주차

다음을 계산하세요. 계산 결과가 가분수이면 대분수 또는 자연수로 바꾸어 나타내세요.

$3\frac{4}{5} + \frac{2}{5} - 1\frac{3}{5} = \boxed{2\frac{3}{5}}$

$2\frac{1}{7} + 2\frac{3}{7} - \frac{5}{7} = \boxed{3\frac{6}{7}}$

$5\frac{2}{6} - \frac{5}{6} + 1\frac{5}{6} = \boxed{6\frac{2}{6}}$

$4\frac{5}{8} - 1\frac{7}{8} + \frac{3}{8} = \boxed{3\frac{1}{8}}$

$3\frac{4}{9} - \frac{8}{9} + \frac{5}{9} = \boxed{3\frac{1}{9}}$

$6\frac{3}{7} + \frac{2}{7} - 1\frac{6}{7} = \boxed{4\frac{6}{7}}$

$3\frac{3}{10} - 2\frac{7}{10} + \frac{9}{10} = \boxed{1\frac{5}{10}}$

다음을 계산하세요. 계산 결과가 가분수이면 대분수 또는 자연수로 바꾸어 나타내세요.

$5\frac{4}{8} + \frac{5}{8} - 2\frac{7}{8} = \boxed{3\frac{2}{8}}$

$6\frac{3}{4} - 4\frac{1}{4} + \frac{3}{4} = \boxed{3\frac{1}{4}}$

$7\frac{1}{6} - \frac{4}{6} + 2\frac{5}{6} = \boxed{9\frac{2}{6}}$

$4\frac{2}{7} + \frac{4}{7} - 1\frac{5}{7} = \boxed{3\frac{1}{7}}$

$3\frac{4}{9} + 3\frac{7}{9} - \frac{6}{9} = \boxed{6\frac{5}{9}}$

$3\frac{8}{13} - \frac{9}{13} + \frac{6}{13} = \boxed{3\frac{5}{13}}$

$4\frac{13}{14} - 1\frac{5}{14} + \frac{9}{14} = \boxed{4\frac{3}{14}}$

4주차

분수의 활용

다음 저울의 양쪽 값이 같도록 빈 곳에 알맞은 수를 써넣으세요.

다음 저울의 양쪽 값이 같도록 빈 곳에 알맞은 수를 써넣으세요.

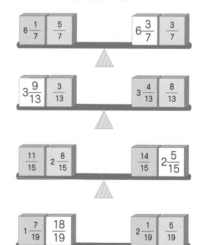

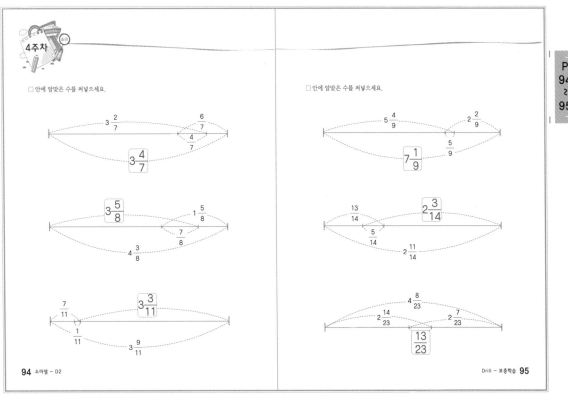

Note

Note